识干家

企業閱讀　學以致用

茶

中国茶叶营销第一书

全面梳理营销环节

行业必读

柏龑◎著

中华工商联合出版社

图书在版编目（CIP）数据

中国茶叶营销第一书/柏龑著. —北京：中华工商联合出版社，2014.2

ISBN 978-7-5158-0823-9

Ⅰ.①中… Ⅱ.①柏… Ⅲ.①茶叶—销售—基本知识 Ⅳ.①F724.782

中国版本图书馆 CIP 数据核字（2013）第 319492 号

中国茶叶营销第一书

作　　者：柏　龑
责任编辑：于建廷　效慧辉
责任审读：郭敬梅
封面设计：久品轩设计
责任印制：迈致红
出版发行：中华工商联合出版社有限责任公司
印　　刷：河北宝昌佳彩印刷有限公司
版　　次：2014 年 2 月第 1 版
印　　次：2019 年 5 月第 2 次印刷
开　　本：700×1000 毫米　1/16
字　　数：156 千字
印　　张：13.5
书　　号：ISBN 978-7-5158-0823-9
定　　价：45.00 元

服务热线：010－58301130
团购热线：010－58302813
地址邮编：北京市西城区西环广场 A 座 19－20 层，100044
http：//www.chgslcbs.cn
E-mail：cicap1202@sina.com（营销中心）
E-mail：gslzbs@sina.com（总编室）

博瑞森图书：企业视角　本土实践

亲爱的读者朋友：

也许您是博瑞森图书的老读者，也许是新朋友，欢迎您阅读博瑞森图书！

当今中国，各行各业都存在着转型升级的压力与机遇，博瑞森图书与您一同应对转型挑战并发现其带来的机遇。

我们一直在问：什么样的书能为您解决管理难题并带来启发？

我们一直在找：哪些作品最能帮助企业从跟随到领先？

我们一直在做：把最好的作品以最便捷的方式呈现给您，纸质版、电子版、听读版、书摘邮件、微信……

我们策划图书的原则是：

- 企业视角——与您一样，做水中的游泳者，而非岸上的观众或教练，企业的困惑就是我们的任务。
- 本土实践——与您一样，立足本土环境，追求卓越实践，传播最适合当下中国企业的管理之道。

我们希望您：把阅读各类经营管理类图书时的遗憾或收获，告诉我们（13611149991），我们将认真聆听。

如果有一天，您把博瑞森图书视为您优秀的事业伙伴、管理助手，我们也就实现了自己的梦想。

博瑞森图书
010 - 51900529
bookgood@126. com

推荐序 1

中国茶，世界心

联纵智达营销咨询教育集团董事长　何慕

中国的茶叶行业是最有可能产生全球性品牌的行业。茶源于中国，是世界三大饮料之一。中国有几千年的饮用历史，有丰富的茶文化，有广阔的茶园，有数不清的好茶，这些都是产生全球性品牌非常好的基础。而事实上有几千年历史传统的中国茶叶，却还是一个市场规模很小、品牌意识不强的行业。

联纵智达营销咨询教育集团也曾为一些茶叶企业提供过咨询服务，在服务的过程中，能深刻体会到中国茶叶发展缓慢的原因所在。中国的茶叶行业多数重视茶叶的种植和生产，企业里种植人员和生产人员所占比例是比较高的，而营销人员在茶叶企业里通常只有很少的一部分，并且大部分还是从生产转到营销的。茶叶行业的独特产品属性使茶叶行业从业人员相对封闭，茶叶的区域特性使行业竞争不够激烈，总的来看茶叶行业的发展落后于中国整体经济的发展。

落后就可能挨打，但更可能会有机会。茶叶行业发展落后的同时也面临着巨大的机会，中国经济持续增长了三十多年，百姓的物质生活越来越丰富，对精神生活的要求也越来越高，像茶叶这种集物质与精神为一体的产品将面临爆炸性增长，虽然目前茶叶行业受到中央政策的影响，但这也给予了它一个调整和整合的时机。

中国茶叶的崛起，首先要从转变思维开始。“不识庐山真面目，只缘身在此山中。”中国深厚的茶文化让进入该行业的朋友很容易就喜欢上茶，也让他们很容易就走入了产品和文化的单行道。“不破不立”，只有破除了做茶叶的传统思维才有可能占据行业发展的先机。几个年轻人做的电商茶叶品牌几年间就超过了中国大多数传统茶叶企业的销售额，这足以说明问题。“与时俱进”不仅是政府的一个口号，也是茶叶企业发展所必不可少的一个观念。中国茶界企业家和管理层必须具备冲击世界的雄心壮志，才能跳出传统茶叶行业的思维桎梏，才能更好地顺应时代的需求，才能有更多的发展机会，才能真正实现“中国茶，世界心”。

柏龑是我多年前的一个小兄弟，曾经一起共事，分别数年，未曾想到他近些年持续研究茶叶行业，已有一些自己独到的见解，并整理出系统的行业营销思路。本书通过对行业现状的深入剖析，结合其他行业的发展历程，从区域市场拓展、品牌规划、渠道规划、产品规划以及内部管理等方面进行系统的阐述，对茶叶行业从业人员建立整体营销思维起到很好的作用。当然，行业的发展并不是一两个人就可以推动的，行业的发展需要很多人不断地研究、实践，身体力行并为行业发展做出自己的贡献。茶叶品牌从区域走向全国，从中国走向世界，需要的正是这种持续投入研究并改变行业现状的精神。从这本书中，不仅看到柏龑有把中国茶叶做到世界的志向，更有为中国茶叶行业发展身体力行做出贡献的行为。

由此可见，我们在服务其他行业时也是如此。只有不断专注研究，才能为行业、企业创造更多的价值，我们才可能成为改变行业发展的关键点。

推荐序 2

终结中国茶叶有品无牌的尴尬时代

南方略营销咨询公司董事长　刘祖轲

中国是茶的故乡，也是茶文化的发源地。人们常说："日常开门七件事，柴米油盐酱醋茶"；"古今文人七件宝，琴棋书画诗酒茶"，可见，茶已深入到社会各个阶层。在当今社会，饮茶养生已经逐渐成为一种社会潮流，甚至还出现了"宁可三日无盐，不可一日无茶"的饮茶风潮。

谈到茶，话就多了，这得从茶的发现说起。"自从陆羽生人间，人们相学事春茶。"其实早在茶圣陆羽写出《茶经》之前，就有了"神农尝百草，日遇七十二毒，得茶而解"的故事流传。然而，经过几百年甚至上千年的发展，作为世界三大无酒精饮料之首的茶，其发展速度和影响力远远不如可可和咖啡，中国所有茶业企业一年的销量总额还不如立顿红茶一个品牌的年销量大。中国茶叶从"生产大国"走向"品牌强国"是行业崛起的唯一途径。

自汉代张骞出使西域以后，我国的茶叶就随着丝绸、瓷器等物品源源不断地流入西亚，再经西亚转运到欧洲。由于是东方特产且受欧洲王室的推崇，茶叶、丝绸和瓷器便在欧洲民间流传开来，这极大地刺激了茶叶消费，也给我国茶叶种植和发展带来了历史机遇。消费带动种植、生产，使茶叶种植在长江以南、三江源以东和台湾海峡以西的华夏大地迅速推广开来，产值和规模都达到世界第一，最终才有了如今的中国十大名茶。

但是，一直到今天，我们不得不面临这样一种尴尬的现实：我国是茶叶生产大国却不是茶叶品牌强国。无论是我们熟知的安溪铁观音、西湖龙井、洞庭碧螺春，还是云南普洱，它们都是地域品牌，并非真正的企业品牌或产品品牌。相较于法国的名牌红酒、德国的高级跑车、意大利的名牌包，我国的茶叶还没有真正走出国门、迈向世界！

茶，虽不是日常生活必需品。但是，对于物质生活水平明显改善、更注重养生的中国人来说，茶叶的消费变得越来越重要了。然而，无论是茶农还是茶叶经销商，他们更多的是抓住关系营销、企事业单位采购和亲朋馈赠这根救命稻草来实现茶叶的销售，并未真正运用现代营销理论和营销方法来对茶叶的种植、采摘、生产、包装等各个环节进行全方位的品牌塑造和市场营销。没有卖不出去的产品，只有卖不出去产品的企业。

我们在大型商城或购物中心时，经常会看到星巴克、上岛咖啡等连锁企业的门店，然而却很少看到同样作为饮料的茶叶或以茶为主要饮料的品牌连锁企业的门店。这就让我们不得不思考：为什么星巴克能以咖啡为卖点做到世界500强，我国的茶叶或从事茶叶销售的企业却没有做到世界500强呢？

过去，市面上对茶农和茶叶经销商有用的茶叶指导书籍很少，而系统阐述茶叶从种植到采摘、从加工到包装、从运输到储藏、从品类到品牌、从销售到营销方面的茶叶书籍，更是少之又少。但是，今天——一本关于茶叶品牌塑造、市场营销、门店建设方面的书诞生了，这就是柏龑先生的《中国茶叶营销第一书》，该书理论丰厚、案例翔实，可操作性和可读性非常强。

柏龑先生通过阐述法国红酒产生的历史、评比的标准、推广的手法，给我国茶农和茶叶经销商指出了如何塑造我国茶叶品牌的路径；通过线下和线上销售模式的讲解，给出了茶农和茶叶经销商实现动销的办法……洋洋洒洒十万字，字字如金。柏龑老师将自己多年来对茶的研究和实操经验毫无保留地贡献了出来，实为中国茶农、茶叶经销商和茶叶市场的一大福音。同时，也是我们爱茶、喝茶、品茶之人的一大幸事！

推荐序 3

激活一池春水

西安六如茶文化研究所所长

中国高等院校茶文化教材编委会主任　林治

读了柏龑先生的《中国茶叶营销第一书》觉得很有新意，自古商场如战场，现代中国的茶叶市场竞争尤其激烈。

我说该书有新意，首先是因为作者原本不是茶界人士，他没有用茶界业内人士故有的纵向惯性思维看问题，而是用营销专家的战略眼光，从全新的角度和高度纵览中国茶叶市场的全局。通过透视中国茶叶市场，有针对性地提出问题并阐述自己对这些问题的看法。

其次，因为书中提出的很多问题是一些具有代表性的关键问题，如跳出茶叶关系营销去开拓市场、走出茶文化带来的误区、正确处理好区域市场和全国市场的关系、着力于区域精耕还是全面撒网、单店成功 vs 系统成功、茶叶品牌打造常见的误区、以目标导向参展以及茶叶电子商务等。尽管书中对这些问题的回答未必都正确，但能引发我们对中国茶叶市场兴衰的问题进行深层次思考，仅此一点就足矣。

最后，该书没有抽象地空谈理论，而是有论述、有案例，并附录了实战操作手册。实战操作手册分为区域市场操作手册和团购营销操作手册，两部分内容都详细而实用。

读完柏龑先生的书后，我凝视着窗外远景，不禁发现中国茶叶市场确实已进入决战决胜发展的新阶段了。这个阶段已不再是把茶叶当作农副土特产品去苦苦推销的阶段，而是充分整合传统文化与现代营销理论的一场激烈商战，是厂商与电商协同作战、相互配合的一场立体化现代商战。改革进入了深水区，我们已不可能再摸着石头过河，而是迫切需要以先进的理论为指导。

谢谢柏龑先生为茶界写了一本好书，也期待着他这“一石”激起千层浪，引发共鸣和争鸣，激活中国茶叶市场的这一池春水。

前　言

进入茶叶行业已经有好几年了，从对茶不太了解，到慢慢喜欢上这个行业，不断地感受中国茶文化的博大精深，也经常反思为什么茶叶行业存在大文化小市场的现象，就算是在茶叶行业快速发展的近十年，茶叶与大众消费者也有着明显的距离。

“中国七万家茶业企业不敌一个立顿”，简单的一句话道出了中国茶行业的困境。立顿与茶叶最大的区别是它没有文化，不需要背负历史的包袱，可以轻装上阵，只需仔细研究消费者，用最简单的方式满足消费者需要，就可以成功。

“搭班子、定战略、带队伍”，这是联想柳传志做企业的一句名言，笔者个人认为对茶叶行业也有很强的借鉴意义。企业能否做大做强，不是一个人的力量，而是一个核心团队的力量。中国茶叶行业在种植、生产以及茶文化方面已有很多专家，但还缺营销和管理的团队。

“做正确的事”不如“正确地做事”。对于一些基层的工作人员来说，他们需要正确地做事，但是核心的营销管理人员，他们必须知道什么才是正确地做事，这样才可以确保企业发展的方向没有偏离。笔者并不是茶叶行业的专家，只是一个营销人，所以只能从营销和管理两个方面结合茶叶行业的实际情况提出一些看法和建议，希望对茶叶行业的朋友能有所帮助，能为茶叶企业的核心营销管理人员提供正确做事的方法。

本书有一些茶叶行业的案例，也有一些地方借鉴了其他行业的内容。笔者一直希望中国的茶叶行业不是一个封闭的行业，而是一个可以与其他行业互相借鉴、互相沟通的行业，这样才有利于整个行业的发展，才有可能在一个较短的时间内出现可以超越立顿的品牌。

写一本茶叶行业的营销书，是笔者几年来的愿望，但是以前只是一个想法，一直没有付诸行动。感谢博瑞森的策划编辑马优，是她的不断督促，才完成了几年来一直想做的事。

写这本书的时候正是茶叶行业发展如日中天的时候，到出版的时候却是一片低迷。经历了这种过山车似的变化，茶叶行业的从业人员应该可以更理性、更客观地看待行业发展的一些规律。

希望能与更多茶叶行业的朋友共同探讨茶叶行业的营销，希望茶叶行业发展更快更好。

2013 年 10 月 30 日

目录 contents

【第1章】

透视中国茶叶市场

第一节　做茶场，还是做市场

一、茶园基地只是市场的基础

在中国的茶叶行业中，茶叶企业宣传自己必提在某某区域有多少亩的茶园基地，这个茶园处于多么好的地理位置，拥有各种优质水质、光照、土壤等自然资源，似乎有了这些，自己生产的就是好茶，认为消费者就会认可这个品牌的茶叶。

我们仔细分析这些茶叶企业品牌宣传的目的，无外乎以下三种：

第一，体现资源的稀缺性。

茶叶作为农产品，具有非常典型的农产品属性，农产品所处的地理位置在自然属性中处于非常核心的地位。历史上有名的农产品都是独特地理条件的产物，茶叶更是如此。例如，大家所熟知的大红袍之所以名贵，就是因为它来自于武夷山天心岩九龙集石壁上现存的6棵茶树；绿茶的代表龙井，以前也是按照狮峰、龙井、云栖、虎跑和梅家坞这五个产地来给龙井茶排名。正是因为茶园基地所处的地理位置决定了茶叶品质的好坏，所以茶叶企业主打的茶园基地概念的目的，也正是想把这种优质自然资源的稀缺性传递给消费者，以达到提高品牌附加价值的作用。

第二，体现产品的差异性。

不同区域所产的茶叶口感有很大的区别。且不说有些茶树品种本身的差异就很大，就算优质茶树品种在各个区域都有种植，但是由于不同区域的不同自然条件，所生产的茶叶口感也有非常大的差异。所以茶叶企业在宣传茶叶基地概念的时候主要是想体现产品的差异性，期望在市场竞争中脱颖而出。

第三，想体现全产业链生产。

有些企业在宣传茶园基地时，是想告诉消费者自己拥有从种植到加工再到营销的全产业链，企业的规模很大，品牌也有影响力，而且因为是全产业链，所以产品质量也是可靠的。

其实，是否有茶园基地并不是消费者选择的核心。首先，拥有真正稀缺、珍贵的自然资源的茶叶是有的，但是它不是大众消费者的选择，这些茶叶产量极低，与我们多数消费者的需求有一段距离，所以多数茶叶品牌在宣传这个独到的地理资源的时候，事实并非是真正的珍贵；其次，当所有的茶叶都在宣传茶园基地的时候，对于消费者来说，所有产品都具备的属性并不能成为自己选择的原因，他们会通过口味、价格、包装、服务以及社会关系等方面进行选择，这些才是影响消费者选择的关键因素。

二、企业的产品不是越多越好

大多数做品牌的茶叶企业都是以专卖店的销售形式为主。一家专卖店必须要有与之相匹配的系列产品做支撑，所以我们看到几乎每家企业都有很多个系列产品，每一个系列里面又有很多种产品，将这些产品摆满专卖店的柜台，以期获得更高的销售额。

笔者曾经服务过一家小型茶叶企业，这家企业清单上有超过一百种的产品，这种现象也是多数茶叶企业共同存在的现象。但是仔细思考一下，一家企业生产这么多种类的产品是否有必要呢？多种系列产品能够为企业带来更多的销售额吗？其实不然，产品太多会给企业带来一些不利的影响。

第一，产品太多会造成成本增加。

当一家企业产品品类太多的时候，单个产品的销售量通常很难成正比例增长，这样就造成单个产品生产数量少，生产成本增加，包装成本也增加。在市场快速发展的时候，产品包装的更新是必不可少的，产品太多的时候企业处理库存的难度也会加大。企业要么将产品包装调整更新的周期变长，要么舍弃库存的老包装，直接上新包装。不管是哪一种情况，对于本身实力就不强、利润不高的茶叶企业来说，都不是一个好的选择。

第二，产品太多会造成重点不突出，企业资源分散。

目前茶叶行业还处于品类大于品牌的阶段，虽然已经有部分品牌有了一定的知名度，但是多数还没有形成大规模的消费者认知效应，企业还无法通过品牌带动各种品类产品的销售。

这个阶段企业在做品牌的时候，更应该采用的策略是以重点产品带动品牌认知。在企业产品太多的时候，如何选择市场费用投入就是一件比较棘手的事情。很多企业在这个时候难以抉择，所以我们看到现在的茶叶企业都在树立品牌，但是除了某些占据了品类资源的品牌之外，我们很难想到某一个品牌的核心产品是什么。产品并不一定非要做加法，适当的减法也是需要的。

第三，产品多并不一定是创新。

我们看到大多数茶叶企业的产品琳琅满目，行业外的消费者却应接不暇。但是我们研究一下这些产品，会发现很多品牌虽然产品非常多，却并非真正是这个品类的产品。很多产品只是不同的包装形式，产品是完全一样或者基本一样的。还有一些企业看市场上某一种类的茶叶比较热销，采用定制或者自行生产的方式生产某一个迎合市场的产品。OEM（代工）肯定不是自己的创新，而自行生产大多也受制于茶叶的品质、制茶的工艺等方面因素，难以把新产品质量做得更好，因而没有什么市场竞争力。事实上多数企业在做这件事情的时候，都只是在碰运气，觉得产品生产了，能卖就卖一点，不能卖就摆着。

三、好产品不一定得到市场认可

国内很多茶叶企业都非常重视茶园、重视生产、重视产品研发，很多稍大些的企业都与湖南农业大学园艺园林学院茶学系、浙江大茶学系或者四川大学茶学系建立了产品研发的关系。企业也在不断地进行产品研发的尝试，每年都有很多的新产品问世，但是这些花费了大量精力和资源研发的产品就一定能得到市场的认可，获得很好的市场收益吗？答案是否定的。

虽然茶叶行业经历了十多年的高速增长，但是市场上多数畅销产品还是传统的茶叶，新研发的产品能获得高度市场认可的寥寥无几。并不是新产品不好，但是为什么就得不到市场的认可呢？

产品改良非并创新。茶叶企业大量的新产品来自原有产品的改良，并不是根本性的创新。这些产品多数只是有一些工艺的简单变化，从而使口味有一些细微的变化，或者有些产品只是改变了原料的不同比例而已，产品根本上并没有实质性的变化，在理论上可以认为是同一个系列的产品。

也许一些手艺非常精湛的人可以把茶叶的最佳口感调配出来，但是对于绝大多数对茶道并不那么精通的消费者来说，他们的味觉没有受过专业的训练，难以感知这中间的细小变化，所以很难得到他们的认可。

“我要卖”解决不了需求的问题。“消费者用脚投票”的市场销售情况能说明很多问题，最直接的就是这种产品是否能让消费者接受，产品的口感、包装、价格能否为消费接受。虽然中国的消费者市场已经进入了完全市场化的竞争中，但是中国的茶叶市场还是处于非常落后的状态，基本上还处于产品竞争阶段。茶叶企业都是生产什么产品，就直接在市场上卖，或者是看到了某个品牌的产品觉得不错，于是自己也开始做。产品的原料基本相似，包装多数来自通用的包装模版，也比较像。而价格则是通过原料、生产以及包装成本核算后，再加上自己相对固定的利润空间确定的。

这就是通常大多数茶叶企业产品的情况，中间所有的环节很少有企业关注到消费者的需求。现在茶叶市场处于“我要卖”的阶段，茶叶是典型的买方市场，产品的可替代性很强，以“我要卖”为出发点研究的产品，没有很好地抓住消费者的需求，很难得到市场的认可。

四、要从生产导向到市场导向

中国消费品市场早已从生产导向转为市场导向，而中国的茶叶行业却还处在生产导向的阶段。

为什么说茶叶行业还处在生产导向阶段呢?

第一，因为中国茶叶靠天吃饭的种植方式还没有得到根本性的改变，所以产品质量还处于不稳定的状态。

第二，消费者对茶叶产品的认知度不高。虽然中国是一个历史悠久的茶叶消费大国，但是消费者对现在名优茶叶的认知度还不是很高，多数人对茶叶产品还不甚了解。

第三，产品的定价方式多数还是在使用成本相加定价法。

第四，产品研发过程基本与消费者没有什么相关联。

在产业发展的前期，生产导向的做法是可行的。但是随着市场环境的变化，生产导向则会严重制约企业的发展，使产品和消费者需求脱节。企业资源集中在生产环节，无法及时适应市场的变化，虽然说茶叶企业都是“船小好掉头”，但是生产导向型的茶叶企业因为核心资源在生产环节，市场信息反馈不及时，因此企业虽小，掉头却也难。

从市场竞争的变化来说，茶叶行业的生产导向迟早会变成市场导向。

成为市场导向型的企业有以下三个特点：

第一，产品研发来自市场的需求。

华为的任正非说：“让听得见炮声的人指挥战斗。”这句话的意思是说，产品研发必须来自市场一线的信息判断。不管是基于市场竞争的产品研发，还是基于消费者研究的产品研发，都必须来自市场一线。

对于产品的包装升级，也应该跟随市场整体的变化。如果是一个非常经典的包装，有非常强烈的文化寓意在里面，可以不升级。而产品的价格，一般来自市场需求的定价方式。它通常有竞争定价法和消费者需求定价法，竞争定价法是为了跟随市场变化而确定的定价策略，而消费者需求定价法则是从消费者需求进行定价，是与消费者购买行为和心理相适应的定价方式。

第二，组织结构要适应市场需求。

目前茶叶企业主流的组织架构分为两类：一类是纯生产型的组织，另一类是生产销售型的组织。从组织的核心组成我们可以看出，纯生产型的企业重点在生产，就算有销售部门也没有相应的营销职能，基本无法发挥其规划职能。生产销售型的组织结构应该是“市场+销售+生产”的组织结构。

第三，从生产导向变为市场导向的核心还是意识的转变。

这种意识转变并不是改变组织、改变流程就可以转变的，也不是改变领导一个人的意识就可以的。市场化的意识是企业整体的，它是贯穿企业、各个部门、各个层级和各个岗位的。只有大家的意识都转变了，企业才能在市场化的竞争中占优势。

第二节　跳出茶叶关系营销

一、依靠政府没法长久

由于茶叶产业是一个投资大、回报周期长、自然风险高的行业，所以茶叶企业必须紧跟国家产业发展政策，这对企业的长期发展是有利的。不过现在很多茶叶企业走入了一个误区，他们不是紧跟国家政策，而是紧跟地方政府。也许有些人说跟着国家政策和跟着政府是一回事。其实不然，跟着国家政策和跟着地方政府是完全不一样的。

所谓跟着政府主要体现在以下三个方面：

第一，生产依靠政府补贴。

茶叶行业在茶园种植和生产加工方面很大程度上依靠政府的补贴，这主要是因为国家政策和地方的产业政策。在种植环节，有些茶叶企业的财务是亏损的，它的财务来源主要是政府补贴。在国家农业政策的指导下，很多地方政府的费用倾向于茶叶行业，因为茶叶行业既是一个农业项目，又是一个可以做成地方代表性产业的行业。现在很多地方政府建一些所谓的茶叶产业园、整合地方小型茶叶企业，部分出于这方面的考虑。甚至有些企业觉得做产品、做品牌都不是最重要的，最重要的是与政府建立好关系，依靠关系套取政府的补贴和一些项目费用。

第二，品牌推广依靠政府。

品牌推广依靠政府，比较多的还是在一些传统的茶叶主产区。例如，安溪的铁观音，当地政府就做了很多推广工作，与其他茶叶品牌相比，当地政府做的工作还是比较少的。例如，湖南的安化黑茶，最近几年能在全国受到关注，就在于当地政府做了很多推广工作。当地绝大多数的茶叶品牌知名度原本都很低，能得到市场的认可、有较好的销售，主要原因就在于当地政府前期做了大量的推广工作，使这些品牌能够借势，取得事半功倍的效果。

第三，销售依靠政府关系。

对一些知名度较高、销售额比较高的茶叶企业，如果我们去看他们的财务数据、产品销售去向，特别是中高档产品，我们会发现，这些产品主要流向了政府机关、事业单位和大型国企等。这些茶叶企业的老板自己就是一个超级业务员，不断地周旋于各种关系中，不断地应酬，利用自己的人脉关系或者利益进行交换，形成了相对稳定的购销关系。一般这种企业主要是区域型的，一些已经走向全国市场的企业就比较少依靠这种关系。在区域影响越大、所占市场份额越高的企业，这种大客户的比例就会越高。笔者曾经服务过的一家区域知名茶叶企业，大客户销售的比例占其总销售额的6成以上。

依靠政府关系的茶叶企业只可能是区域型的。过于依靠政府关系，企业自己的营销能力、市场管理能力、组织能力通常会比较弱。因为这种政府关系一般都比较稳定，多数建立的也是高层关系，这对企业的市场营销能力要求不高。而企业内部的组织体系也不需要很强大，营销人员更多的时候只是维护关系，负责送货、收款，企业对他们的基本能力要求不高。而且“我的地盘我做主”，离开了自己的地盘，竞争环境就完全不一样，高层关系也不容易走，而营销人员的能力又弱，企业基本上没有办法走出自己的区域。

依靠政府关系的企业与普通消费者有较大的距离。政府部门消费与普通消费者消费的茶叶产品有着非常明显的区别。政府部门基本上不关心价格，他们关心包装是否精美、产品是否稀缺、是否能体现出身份。而消费者关心产品的性价比，关心产品的口味。茶叶最大的市场来自于个体消费，政府部门和送礼只是行业发展前期的一个过渡。茶叶企业要想持续发展，要想跟上产业更新的步伐，就必须把工作重点从政府部门转向消费者。

依靠政府关系的企业风险较大。“把鸡蛋放在一个篮子里”，风险本来就很大，更何况是政府这种高风险的关系。中国十八大之后，反腐工作紧锣密鼓地开展起来，反腐工作的前三板斧就砍向了公款消费、奢侈消费。李克强总理说：“一是政府性的楼堂馆所一律不得新建；二是财政供养的人员只减不增；三是公费接待、公费出国、公费购车只减不增。”这个表态也就给公款消费戴上了紧箍咒。公款消费特别是高消费已经从公开转为地下，地下的市场也将会慢慢地萎缩。2013 年，白酒、烟和茶叶行业都将经历一段时间的寒冬，如果企业没有及时调整战略，在不久的将来，将会退出市场。

二、茶叶关系营销的局限

东西方对于“关系营销”的理解不同。在西方现代营销学中，关系营销是指以成交为起点、构筑长期客户关系的一系列努力。与传统的“交易型”销售相比，更加强调企业与客户建立和维系一种长期的战略伙伴关系。而在中国，关系营销往往指通过“关系”来帮助成交，并且这种关系止于“成交”。本部分内容主要讨论后一种情况。

很多茶叶企业在做市场的时候依靠政府机关及各种事业单位的关系，以地方特产的形式进入了政府采购渠道，成为地方特色的一种礼品。茶叶由于独特的自然属性，既可以体现地方特色，又能够体现身份和档次，既是农产品，又是国家大力支持的一个产业，所以在各个地方得到了政府的支持。

地方政府的支持成为制约茶叶品牌扩张的重要因素。因为各个地方政府对本地茶叶的大力支持，所以某个茶叶品牌在拓展外地商政团购市场的时候，会遇到很大的阻力，这个阻力不仅来自国家政策、地方特色和茶叶所体现的身份特点，还会面临如何挑战当地关系营销的问题。如果要想抢占对手的市场，将付出非常高的时间和金钱代价，以目前大多数企业的情况来看，是难以承担这个成本的。

关系营销使茶叶品牌的运营脱离了产品本身的商业属性。其实说到底，茶叶只是一个普通的消费品，它最大的市场应该来自普通消费者，而不是政府部门的团购。这些以政府部门团购为主的茶叶企业，不管是从企业的组织结构还是从企业的经营能力来看，都是侧重政府部门的团购，对于竞争激烈的普通消费者市场缺乏研究，也没有能力去研究。在消费者市场，企业基本上分两种：一种是找当地的经销商，借用当地经销商的力量去开展团购业务；另一种是顺其自然，能做就做，不能做就拉倒。同时，关系营销使企业在产品开发的时候不是从普通消费者的需求出发，而是满足政府部门领导、采购人员的需求，市场范围比较小。

关系营销使企业的营销团队建设先天不足。正是因为目前关系营销对多数茶叶企业的重要性不一般，所以很多茶叶企业的营销组织都侧重于关系营销。而营销人员很多都是来自各种关系，这当然可以为企业的关系营销带来一些好处，但是却降低了茶叶企业的市场竞争力。营销团队能力偏弱，管理起来难度较大，在茶叶企业运营过程中产生很多的内耗。从长期来看，这些关系户的存在并不利于茶叶企业的长远发展。

关系营销使企业自身的营销能力弱。很多茶叶企业依靠政府关系、关系资源，而不是企业自身的营销能力。有关系就好做，没有就难做。当然，在目前整个国内经济转型、国家大力扶持农产业发展的大趋势下，茶叶品牌也可以搭一搭顺风车。茶叶企业，特别是有茶园的茶叶企业，很多都是在一些比较偏僻的农村，本身管理人才、营销人才就少，在这种情况下，茶叶企业对自身管理能力、营销能力的要求更低，所以茶叶企业的营销能力就更弱了。

因为关系营销的特点，茶叶企业的产品很难适应市场竞争，他们的产品更多基于礼品、面子的需求，并非是从消费者的角度考虑性价比，而是考虑包装的精美程度，至于里面的茶叶，没有多少人真正懂。在“喝的人不买，买的人不喝”的情况下，这些产品很难经受住市场的考验。在现行大力反腐、提倡节俭的环境下，这对茶叶企业绝对不是一个利好的消息，一些靠关系营销，做礼品市场的茶叶企业面临着很大的压力，原有的茶叶市场将会明显萎缩。

三、从关系营销到圈营销

对于茶叶品牌来说，在茶文化的基础之上，融入自己独特的品牌文化，给消费者带来独特的消费体验和消费价值，把这种品牌文化长期固化下来，就形成了一个品牌文化圈。这个圈就像是一个星系，品牌就是恒星，而品牌文化就是吸引力，它可以吸引很多行星（消费者）围绕恒星旋转，吸引到的消费者越多，就越能增强品牌的吸引力，就可以吸引更多的消费者。

茶叶企业把关系销售变为关系营销是否就能有一个很大的转变呢？其实也不然。从关系销售转为关系营销，只是在挖掘一些原有的市场潜力而已，剩下的蛋糕只有那么大，再怎么努力也大不过剩下的蛋糕。

目前中国茶叶行业的特点是文化导向，茶叶的主要消费者是对茶文化有一定了解的人，他们的特点是相信自己的亲身体验，信任自己长期购买的商家。消费者不管多么了解茶叶，也很难熟知各种茶。中国茶叶的品类太多，还有不同的等级，以及持续不断的新产品，可以说很难有人熟知中国全部的茶叶。正因为这样，从消费者的角度来说，如果自己在无数的茶叶品类中作选择，成本太高，为了降低选择成本，他们更愿意相信自己长期购买的商户。这些商户不仅了解消费者的饮茶习惯，也省去了彼此讨价还价的时间。这种方式对于企业来说，提高了客户稳定性，但是拓展客户的难度也加大了。消费者形成稳定的消费习惯需要一个长期的过程，仅靠产品销售、免费品茶，其实并不是那么容易形成自己的客户群。

茶文化其实很容易聚集一群有相同或者相似需求的消费者，但是现在简单的关系营销很难把这种茶文化变为自己独特的品牌价值。原因有以下几点：

首先，茶文化没有差异性。不同的茶叶品牌之间没有明差的文化差异，大家打的都是中国传统茶文化的概念，所以品牌很难产生品牌文化凝聚力。

其次，茶文化没有附加值。几乎所有消费者的经历都是一样的，如果我们分析一下消费者购买不同品牌茶叶的心理，会发现，除了产品不同，其他的几乎没有什么太大的区别。

关系营销讲究的是关系，从茶叶企业长远发展来看，不应过于强调关系，应该打造一个文化圈，每一个消费者都是圈子的一员，而他们也能成为拓展文化圈的中坚力量。

其实茶叶企业也可以借鉴其他的行业。例如，汽车的车友会，他们经常会举办自驾游、亲子活动、小型运动比赛等活动，有与汽车相关的，也有与汽车无关的。这些都是汽车品牌提供给消费者品牌之外的体验，而消费者通过这些品牌之外的体验又强化了对品牌本身的感受。这样形成了一个良好的互动圈子，这个圈子不仅稳定了原有的客户群，同时也会带来更多的新客户。

第三节　走出茶文化带来的误区

一、历史无法照亮现实

茶叶是一个很容易让人联想到中国的产品。根据研究，茶树发源于中国西南部。据史书记载，周朝的武王在伐纣时，巴国（今川北及汉中一带）就已经以茶与其他珍贵产品纳贡给周武王了。由此可见茶叶在中国的悠久历史。

茶文化对中国的影响。“开门七件事，柴米油盐酱醋茶。”茶虽然排名最后，但在中国的历史中，茶叶占有很重要的地位。从茶叶的历史来看，茶叶一直与政治、文化及社会习俗联系在一起。除了茶圣陆羽的《茶经》之外，中国历史上的政治家、大文豪也有很多爱茶之人。例如，现在很少人知道的江西修水双井绿茶，就是因为黄庭坚的大力推荐才在北宋有很大的名气。

历史无法照亮现实。正是因为茶叶在中国有悠久的历史文化，所以每个茶叶品牌都想借上历史和文化的东风，动辄历史、动辄文化、动辄名人，连产品名称都希望与历史有点联系，或者直接从中国传统文化词汇中取名。这种做法在前几年比较多，目前少了很多。因为茶叶企业发现，历史无法代替现实，历史也与现实无关，中国传统文化对于目前的消费者来说，已经是非常遥远的事情了。消费者很难把历史与自己的消费习惯结合，不管茶叶曾经在历史中如何荣耀，消费者关注的是现在能给他们带来什么好处，能给他们什么样的体验。

茶文化概念不等于销量。除了茶叶本身的历史文化外，茶叶企业还喜欢附庸传统文化。很多茶叶企业在给新产品起名的时候就会附加这些文化，常见的是把自己的一些系列产品取个比较有文化内涵的名字。如某品牌为自己不同定位的产品取不同的文化名：高端的产品取名为“儒系列”，中端的产品取名为“雅系列”，低端的产品取名为“谦系列”。与此同时，还有很多茶叶企业打禅茶的概念，“茶禅一味”这四个字在很多茶叶店、茶馆里都会出现。其实品茶和修禅本来也是有一些共同之处的，只是它们和中国与茶有关的历史名人一样，如果非要去牵强附会，就没有必要了。我们从这些看起来很有文化背景的产品销量来看，其实它们并不一定能为茶叶企业带来多少的销量。

二、文化产业园之惑

近几年，茶叶行业兴起一股茶文化产业园热。2011 年君山银针黄茶产业园第一期工程投资 1.58 亿元；2012 年茶陵县与茶陵茶祖印象茶叶有限公司正式签订协议，启动“中华茶祖文化产业园”项目建设……为什么各地纷纷上马茶文化产业园，其实这很好理解，基于以下三个原因：

第一，竞争门槛的需要。茶叶品牌从产品的竞争进入到茶园基地的资源争夺，从一个产品到打通产业链的种、产、销全方位的竞争，产业链竞争比单个产品的竞争门槛是提高了。但是先进入的品牌发现，其后来的品牌大有后来居上之势，进入茶园基地并不是很困难，也并不需要巨大的资金。一个茶文化产业园，就不仅仅是一个产品基地那么简单了，它同时具有旅游的属性，对资金实力的要求比较高，如果企业能建成一个茶文化产业园，就能与其他的品牌形成明显的品牌区隔，非常有利于企业品牌的发展壮大。

第二，业务增长的需要。茶叶行业一直是一个大市场、小品牌的行业，有大量的产品品牌，而每个产品所占有的市场份额又非常低，在消费者需求多样化、市场竞争日益激烈的情况下，茶叶企业面临着新的利益增长点的问题。从企业的战略发展来看，一家大型企业的业务应该多元化，茶文化产业园正好可以满足企业的这种需求，它可以将旅游、种植、加工整合为一体，对茶叶企业的未来发展非常有益。

第三，政府产业转型的需要。各地政府都面临着经济如何可持续发展、经济发展与生态环境如何有效结合、政府官员个人政绩如何体现等问题。这些问题都可以通过一个茶文化产业园就来实现，所以政府也大力支持茶文化产业园的兴建。

虽然茶文化产业园有很多好处，但是对于茶叶企业来说，盲目上马茶文化产业园不是一件很明智的事情，原因有以下几点：

第一，茶文化产业园占用大量的资金。茶文化产业园实质就是一个旅游地产，这需要投入大量的资金进行基础建设，而通常茶叶企业都不具备这么丰厚的资金实力，政府的支持也有限，因此主要还是靠茶叶企业的自筹资金。如果没有太多的资金，只是在自己的茶园里挂个牌说这是茶文化产业园，那么也就没有什么实际的意义了。

第二，旅游地产和茶叶行业有巨大差异。旅游地产和茶叶行业是两个完全不同的行业，会做茶、做好茶并不表示会做旅游地产，把茶园包装一下也不代表它就是一个完全的茶文化产业园。其实看现在做茶文化产业园、投资规模相对较大的，都是从地产行业进来的，它们的主要目的并不是做茶，而是做地产，所以对茶叶行业来说，并没有很强的参考意义。茶叶企业能不能做产业园，主要还是看自己的实力如何，“没有金刚钻，就别揽瓷器活。”

第三，主业与副业之间如何有效平衡。如果企业已经在做茶文化产业园区了，那么就得考虑主业和副业如何平衡的问题了。企业要规划好自己的资源投入情况，各业务之间的协调补充情况。坚持茶叶产品品牌为主，旅游地产为辅，这才是茶叶企业做茶文化产业园区的硬道理。

三、茶道只是阳春白雪

茶道，百度百科的定义为“品尝茶的美感之道。茶道亦被视为一种烹茶饮茶的生活艺术，一种以茶为媒的生活礼仪，一种以茶修身的生活方式。它通过沏茶、赏茶、闻茶、饮茶，增进友谊，美心修德，学习礼法，是很有益的一种和美仪式。”

我们通常看到的茶道表演程序都非常多。在茶道表演的时候，对茶艺师的着装、仪表、动作要求都比较高，因而可以将茶道表演当作一种美的享受。但是作为日常消费者来说，离这有点远，这就像是阳春白雪，虽然高雅，却不是每个人都懂、都能接受的。

茶道烦琐的程序和要求，使它基本上远离了多数消费者的日常生活，茶道有器具、场地等要求，并且现在的消费者生活节奏很快，很难静下心来坐着喝一壶茶，更何况还有烦琐的程序。

茶道要贴近消费者，就应该适应消费需求的变化。从方便消费者的角度出发，让消费者在日常生活中就能非常方便地体验茶道、品尝茶叶、交流感情。

目前的茶道更多得还是传承历史、延续传统，用来表演还是可以的，但是离消费者的日常生活太远。历史上能延续下来、有很强生命力的文化无一不是随着社会不断进步调整的。茶道也是如此，茶道如果要很好地传承下去，那么最重要的就是让消费者都能用得到。在日常生活中得到使用的，才更容易得到传承。现在的茶道是阳春白雪，但是我们更希望茶道融入下里巴人的基因，让茶道得到更多发扬光大的机会。

第四节　茶叶行业未来的发展趋势

一、行业要适应社会发展

茶叶与经济。茶叶行业的兴衰与社会经济是息息相关的。经济好的时候，茶叶市场需求就旺盛；经济衰退的时候，茶叶市场就萎缩。茶叶产品有两个重要的属性：一是个人爱好，茶叶不是生活的必需品。现在茶叶市场增长速度比较快是因为消费者的收入增长了，有钱、有时间去享受个人爱好，这种属性和汽车消费增长、艺术品消费增长是同一个道理；二是社交需要。茶叶是一个有历史文化的产品，作为礼品也是一个非常不错的选择。而这种需求也是在经济比较好的情况下，才会更多，所以在经济好的时候，茶叶也讲究个性需求、讲究文化品位和讲究品牌包装及档次；而在经济情况比较差的时候，茶叶就是讲究实惠、讲究简单了。

茶叶与科技。作为纯农业的行业，茶叶的科技发展速度一直比较慢，但是科技的进步是无法阻挡的。对茶叶行业影响比较大的科学技术包括三大部分：一是产品的加工设备；二是茶叶内容物的提纯技术；三是网络技术。前两种科技从长远来看，对行业发展有很大的推动作用，但是这种改变相对比较慢。而网络技术已经改变了我们的生活，改变了消费者购买茶叶的行为。茶叶企业应该积极跟上科技发展的步伐，搭上科技的顺风车，让自己发展得更快。

茶叶与消费。作为消费品，消费者的消费才是茶叶行业发展的核心。我们要看到并提前适应消费者需求的变化。十年前，消费者对茶叶只有简单的品类需求，对产品的质量没有太高的要求；现在消费者逐渐关注品牌，非常重视产品的质量安全。消费者的关注点在发生变化，消费者对自身安全、对产品的要求越来越高，希望能买到货真价实的产品。未来消费者可能会有更多个性方面的需求，他们希望茶叶产品在某种意义上可以体现自己的想法，不管是产品的口味还是产品的包装，未来个性化的需求将会越来越明显。

二、传统习惯和方便性的平衡

传统习惯的优劣势。茶叶是一个非常传统的饮品，在历史发展中形成了很多饮茶的习俗和文化，如什么样的茶叶应该用什么样的茶具、什么样的水泡茶会更好、不同的茶叶品类应该用不同的泡法、不同的茶叶应该有不同的品法。品茶讲究看茶形、观汤色、闻茶香、品茶味，消费者要经过极为讲究的步骤才能品到茶的特色，但是这种品茶方式相对繁琐，对时间、空间、技艺的要求都比较高，难以随时随地品尝到最佳状态的茶。

方便性的优劣势。现今人们忙于生活、工作，没有太多时间坐下来细细品一壶茶，人们的时间已经碎片化了，因而出现了很多方便的茶包，以立顿为代表的袋泡茶满足了很多上班族的饮茶需求。现在在四角袋包装的基础上又研发出了三角袋的包装技术，这种技术解决了以前包装都是茶碎末的问题，三角袋包装可以将完整的茶叶包装起来，让消费者可以品尝到优质的茶叶。这些技术让消费者饮茶更方便了，但是却很难将茶叶的最佳口感展现给消费者。

如何寻找茶叶在传统习惯和方便性之间的平衡。茶叶企业应该在这两者之间找到一个平衡点，在保持传统习惯的同时，能跟上消费者需求的脚步。可以从以下两个方面去寻找平衡：

第一，企业应生产多种不同的产品，以适应不同的消费需求；

第二，通过技术满足消费者的需求。例如日本的绿茶粉，颗粒达到2～20微米，能很好地溶于水，并且能保持茶汤的口感。也可以对三角袋包装进行适当的改良，但这种袋泡的方式还是很难泡出茶叶的最佳口感。

三、建立互助型茶叶行业联盟

目前茶叶行业联盟多以松散名誉型居多。茶叶行业的联盟很多，例如中国黄茶产业联盟、北方茶叶产业联盟、安吉白茶产业联盟、云南普洱茶产业联盟等，有些是区域联盟，有些是品类联盟。目前很多行业联盟除了成立的时候在媒体上曝一下光，开几次论坛，偶尔找政府申请补贴，基本上看不出他们到底发挥了什么作用。在茶叶行业里，联盟应该是可以发挥一些作用的。

实际上茶叶行业联盟起到的作用类似于合作社，虽说它是一个松散型的组织，但是有共同的目标、共同的行为准则，茶叶行业联盟未来发展将会有两种不同的类型。

第一类是同品类的茶叶企业联盟，为了共同推广这种茶叶品类而努力。如果一个小众的茶叶品类企业成立联盟，那么这个联盟应该是为产品做推广工作的。这可以借鉴安化黑茶崛起的历史，虽说安化黑茶不是由一个黑茶联盟去做市场推广的，而是由政府出面和企业一起把市场开发出来的，但是政府实际上是起到了联盟的作用。这类的联盟虽说多数企业的规模不大，但是联合起来，集中资源进行统一的宣传，再加上企业自己的市场运作，能形成很好的消费引导，以实现整个产业业绩的增长。“大河有水小河满”，就是这个道理。

第二类是互补型的联盟。这类的联盟企业各有优劣势，但是他们的资源可以进行有效的互补。例如，单个产品品类的市场容量比较小，而单一产品品类的企业很难独自开拓市场，想多品类运作一是没有那么多资源，二是品牌认知度已经固化，消费者对多品类的产品并不认可，因此这些茶叶企业可以结成一个相对比较紧密的联盟，集中力量去开拓市场，在渠道内进行合理的资源分配。这和八马茶业有限公司（简称八马茶业）与四川省峨眉山竹叶青茶业茶业有限公司（简称竹叶青茶业）的渠道合作有些类似，但是他们的合作比较难：一是两家企业都具有一定规模，很难真正相互投入资源去配合；二是这种互补型的联盟最好能多一些企业一起合作，这样渠道运作的成本会更低，而吸引消费者的能力也会更强些。

四、法国红酒的启示

法国红酒成功的基础是设定标准。法国法律将法国葡萄酒分为四级：第一级，法定产区葡萄酒（简称 AOC）；第二级，优良地区餐酒（简称 VDQS）；第三级，地区餐酒（简称 VIN DE PAYS）；第四级，日常餐酒（简称 VIN DE TABLE）。

法定产区葡萄酒是法国葡萄酒最高级别的酒，其原产地地区的葡萄品种、种植数量、酿造过程、酒精含量等都要得到专家认证。酒只能用原产地种植的葡萄酿制，绝对不能和其他产地的葡萄汁勾兑，产量大约占法国葡萄酒总产量的35%。

1855 年，巴黎万国博览会对法国葡萄酒进行了著名的酒庄分级，将法国的美酒推向了世界。Syndicat of Courtiers 根据当时波尔多各个酒庄的声望和各酒庄葡萄酒的价格，确定了 58 个酒庄，命名为列级酒庄（Grand Cru Classe）。他们将所有酒庄分为 5 等，其中有 4 个 1 等酒庄，12 个 2 等酒庄，14 个 3 等酒庄，11 个 4 等酒庄和 17 个 5 等酒庄。自从 1855 年后，酒庄的名称、所有者、葡萄园甚至葡萄酒的质量都有很多变化，有的酒庄被分割，有的酒庄被合并，而定级原则从来没有做过相应的修订。1932 年，对444 家质量较好而没有列入等级酒庄的庄园进行分级，并列为中级酒庄。1973 年，终于对等级酒庄的定级原则进行了一次修订，无论酒庄是否更名易主、分割或合并，均保持最初评定的等级。其影响力已经扩散到全球，成为新旧世界葡萄酒的衡量标准。

法国红酒长盛不衰的原因在于坚持质量。酒城波尔多有句名言："酒是酿造师的孩子。"意思是说，有了优秀的酿造师，才能酿造出高质量的酒。法国红酒之所以有名，与整个行业一直传承传统的酿酒工艺，并坚持质量至上有关。从葡萄的质量、葡萄汁发酵的过程、浸皮的时间、发酵完成后的酒渣抽取、选出品质最好的酒、不同品种的葡萄酒以完美比例的勾兑，直到经过几个月或更长的时间，葡萄酒从橡木桶中装瓶封存，所有的程序都有高标准的要求。各酒庄以自己的品牌信誉为至高荣誉，所以法国红酒品牌才能长盛不衰。

法国红酒广泛传播的原因是文化引导。法国红酒的流行离不开文化的引导。红酒文化对酒具的选择、餐食的搭配、品酒的方法都有严格的要求。法国有酒道，在法国饮酒则可谓是人生一大享受。一顿丰盛的法国大餐配上红酒，已经不仅仅是"吃饭"而已，它还代表着一种礼仪、一种品味、一种浪漫及一种精致的享受。通过文化的引导，红酒不仅是一种酒，更是一种文化、一种生活。这样红酒就深入了人们的日常生活中。

小结：

通过对红酒的了解，我们可以对比茶与红酒的情况，两种产品都是与农业相关的产品，而且产品受地理因素影响大，都不属于生活必需品。而法国为区域性极强的红酒设定了产品标准，这样消费者不需要深入了解产品，只需看产品标识就行了。消费者对产品的识别简单了，信任度也容易建立。产品质量有保障，在红酒文化的引导下，中国茶才更容易走向世界。茶与红酒的对比不是茶文化不好，而是标准不好，消费者难以在大量不同种类不同产地的产品中找到自己需要的产品。这些产品质量不一、价格不一，消费者要想建立起信任，难度很大。

五、咖啡的启示

咖啡、可可和茶并称为世界三大饮料。咖啡和茶有着非常多的相似之处，我们通过咖啡的成功来看有哪些可以借鉴之处。从咖啡的消费形态来看，我们可以把咖啡分为以下三种消费形态。

第一，以原料为卖点的咖啡豆市场相对高端，但是人数较小，市场规模小。

这种咖啡主要是品味咖啡豆原来的味道，咖啡豆在饮用的时候需要先磨好，再用咖啡机煮才可饮用，这种咖啡主要是以产地或者工艺命名，如蓝山咖啡、摩卡咖啡、哥伦比亚咖啡、炭烧咖啡。这种咖啡因为程序比较多，耗时比较长，制作相对麻烦，所以这种咖啡的主要消费对象是对咖啡要求比较高、有时间、有精力、对生活品质要求比较高的人。

第二，以方便为卖点的速溶咖啡消费群体大，市场容量大。

这种咖啡饮用起来非常方便，直接拿开水冲泡就可以了，这类品牌代表是雀巢咖啡、麦斯威尔咖啡。这类产品的目标消费者是一些中低端的消费者，对咖啡并不一定有很高的要求，只是因为有这个习惯或者想要尝试这种生活方式而饮用咖啡。这类消费者众多，虽然产品单价比较低，但是因为消费群体大，所以市场容量会比较大。

第三，以生活方式为卖点的咖啡馆更讲究心理感受。

这种咖啡馆提供的是一种纯生活方式，咖啡馆里卖的咖啡并不是最重要的，重要的是这种文化、这种心理体验。这种消费形式与前面两种完全不同，前面两种更多的是满足个体需求，而咖啡馆更多是对消费者社会需求的体现。咖啡馆品牌以星巴克为龙头，还有中国台湾的上岛咖啡，也已经有了1000多家店。我们大概能记得星巴克有什么咖啡，但是没有几个人记得上岛咖啡有什么咖啡，更多的是大家知道这个地方可以喝咖啡，可以交流，可以自己一个人待着。

咖啡与茶有太多的相似之处，咖啡豆与中国传统的名茶相似，不是以地方命名就是以工艺命名；速溶咖啡与袋泡茶相似，都是给不太懂的人喝，使用起来比较方便；而咖啡馆与茶馆相似，都是一个社交场所。

小结：

通过咖啡的分类，我们可以看到茶叶未来的发展趋势。传统名茶基本上是延续历史和文化的特点，它的主要消费者不是大众，而是对茶非常热爱和了解的消费者，但是这类消费群体很少，市场容量有限，所以只做这一类茶的企业发展空间相对较小一些。而做袋泡茶或者中低端茶的，利润会比较低，但是消费群体多，市场容量大，做这类产品的企业发展空间相对比较大。目前很多茶馆都是在卖茶的同时发展起来的。茶馆如果想要做大，则需要改变现状，把卖茶作为一个补充，提供一个有氛围的服务场所，让消费者喜欢到茶馆里来，这样才有机会发展壮大。

六、资本与茶叶

目前中国的外汇储备已超过 30000 亿元，是世界上最有钱的政府，中国民间资本也超万亿元，PE（私募股权融资）和 VC（风险投资）的数量超过 1200 家。不管是官方还是民间，现在都不差钱，差的是投资的机会。

农业已经成为资本关注的重点。中国的经济有很明显的政策导向性，资本的进入也会有很强的政策趋向。近些年来，国家对于农业的强力扶持、农业资源日益稀缺、食品安全重要性的凸显，使资本的眼睛看到了农业项目。

据报道，2006 年，私募股权机构投资于农业项目的金额仅为 0. 56 亿美元，而 2007 年，这个数字猛然增长至 3. 96 亿美元，到了 2010 年，其投资金额达 14. 89 亿美元，2011 我国 VC/PE 在农业领域的投资数量暴涨 90%，农业投资已经进入全面加速的快车道，具有规模化、特色化和全产业链的农业项目成为创业投资追逐的重心。柳传志在 2011 年透露："希望能在大农业投资上下工夫。"这也标志着联想正式启动农业项目投资计划。同年 3 月浙江风险投资企业天堂硅谷创业集团有限公司，注资西湖龙井高端品牌"山地茶叶"，首轮注资 1500 万元，旨在打造西湖龙井全产业链龙头。2013 年 5 月 13 日，八马茶业在泉州宣布，八马茶业获得 IDG 资本、天图资本、同创伟业等 4 家风投机构投资，总投资额近 1. 5 亿元。

茶叶行业是一个急需资金的行业。茶叶农产品的属性使前期投入比较大，一般按规范要求进行新茶园的建设后，三年左右才可以批量采摘，前期基本上都是投入，所以投资回报率比较低。茶叶行业是一个快速发展的行业，近十来年，平均每年的复合增长率都超过 20%，而茶叶的行业集中度非常低。2012 年，行业规模超过 2000 亿元的最大茶叶企业天福茗茶所占的市场份额也不到 1%，行业面临着整合。

资本的进入为行业变革提速。资本的力量是巨大的，增加资金投入，提高资源整合能力，使行业的集中度提高，同时也会提高行业的经营成本，企业的营销能力、人力资源管理能力也会有一个跨越式的发展。

资本的进入需要企业付出很多。对于企业来说，有钱是一件好事，可以做很多工作，以前敢想不敢做的，有钱后都可以做了。但其实钱好拿不好花。首先，资本的进入往往会附带很多条件；其次，有时候花钱比赚钱还要难，如果钱花得不好，那么可能会对企业带来致命的打击。所以，企业需要资本的进入，但是企业在引入资本的同时也要慎重，要仔细思考企业未来的战略是什么、目前企业最需要的是什么、除了资金还能为企业带来些什么、企业能否承担资本注入后的不利后果，这些问题如果都考虑明白了，才可以放心地引入风投资本。

【第2章】

做区域市场还是全国市场

第一节　多大能力做多大的事

一、资源决定市场

企业要选择哪些市场为目标市场，先得搞清楚自己有哪些资源，这些资源在市场开发上有没有优势。通常来说，企业需要考虑以下四种资源状况。

消费者习惯。中国的茶叶市场首先还是看消费者习惯，实际也是消费者对品类的认知度情况。如果是非常小众的茶叶，开拓市场的难度会非常大。对于单个企业来说，花大力气去开拓市场，很可能成为不了先驱，而成为一个先烈。

例如福鼎的白茶，虽然产品不错，但是现在消费者的认知度还不高，如果哪一家企业去强行开拓区域市场，可能会有极大的不便。现在的红茶品牌，借金骏眉红遍全国的东风，消费者的接受程度会比较高，市场拓展的难度也会更小些。如果是市场认知度很高的铁观音、普洱茶等，那么从这个角度去看它全国的市场，机会比较大。

除了对品牌的认知度外，还有地区消费习惯的问题。例如，西藏、内蒙古等地，日常饮用的都是黑茶，可以促进消化，调理肠胃，如果做绿茶的企业去做这两个区域市场，难度肯定会很大。

品牌资源。品牌资源有没有、影响力够不够大，这也是企业在开拓区域市场时要考虑的因素。如果企业的品牌在目标区域有一定的影响力，或者品牌在目标区域内比较容易被接受，那么这个区域的拓展难度也会小些。例如××茶叶集团，成立时间才三年，从××开始做，但是××茶叶的概念在四川比较容易被消费者接受，所以××茶叶做成都市场非常容易。但是如果进入福建市场，那么这个品牌就没有什么资源可用了，消费者基本上不考虑××的茶叶产品，如果非要去做这个市场，难度会非常大。所以品牌影响力也是企业选择区域市场的一个关键要素。

客户资源。客户资源是指企业的目标客户资源或者实际客户资源的情况。有时候企业自己的资源并不能覆盖到目标市场，但是企业的目标客户在目标市场非常有实力，这样的区域也是企业可以拓展的目标区域。当然，这种目标客户的实力要非常突出，至少在三个方面有非常突出的表现才行。首先是要有强大的网络覆盖能力，也就是说客户自己固有的下游网点很强大。其次，客户有较好的资金实力，一般有强大网络覆盖能力的客户资金实力都不会太差。最后，客户要有与企业共同发展的良好意愿。这是企业能否拓展这个目标市场的关键，因为每个市场都有可能会有一些实力较强的客户。但是如果他根本没有很强烈的意愿和企业一起发展，对企业的产品就不感兴趣，或者只是将企业的产品当作一个补充，那么这个市场也不是企业要开发的目标市场了。

人力资源。任何目标市场都需要有人去做，企业只希望客户自己去做肯定是不行的，茶叶企业自己的人力资源情况是区域市场顺利发展的保障。这就像后面将要谈到的，企业和客户的关系到底是放羊还是牧羊呢？答案是显而易见的。有没有人、人的能力如何，是市场开发后企业要重点解决的问题，这也是区域开发之前需要思考的。

二、竞争影响前途

区域市场的竞争状况决定企业能否拓展这个区域市场，自身的资源情况只代表自己有没有实力去做这个市场，竞争情况说明自己有没有机会去做这个市场。

竞争对手有哪些。通常来说，品牌的定位决定了竞争对手是谁。但是茶叶行业并不完全是这样的，因为茶叶行业的品牌定位通常不太精细，很少有茶叶品牌定位于某一类消费人群，而更多的茶叶品牌都是高中低档产品全面覆盖。这样就造成企业很难界定竞争对手，事实上在目前的市场情况下，同行都可以算是竞争对手。虽然这样说，但是也不能把目光盯住所有的同行，企业只需要找到市场做得最好的几个品牌，把他们看成竞争对手就可以了，通常区域内的主要竞争对手就是几个大的茶叶品牌。找到竞争对手后，应该尽量避其锋芒，企业可以把区域更细分，因为现在还没有一家茶叶品牌占很大的市场份额，最大的品牌也占不到绝对的优势，细分找到一个没有竞争对手品牌影响的区域，这样对企业会更有利。如果实在不行，必须要和竞争对手同台竞技，那就得分析分析对手了。

竞争对手的优劣势都有哪些。看竞争对手的优势都有哪些，如果选定的竞争对手是天福茗茶、八马茶业和竹叶青茶业的话，那企业就得好好分析一下他们的优势是什么。天福茗茶的优势是茶叶行业的百货商店，只要消费者有茶叶及相关产品的需求，在它的门店就一定可以买到。而且天福茗茶的品牌知名度已经很高，基本上喝茶的人都知道天福茗茶，天福茗茶的劣势是性价比不高，同样质量的茶会比其他地方卖得贵些。而八马茶业的优势在于品牌下的铁观音目前在各地的接受度最高，但也正因为这个产品，八马茶业品牌下其他品类的茶，并没有得到消费者的认可。而竹叶青茶业的优势在于大师包装，宣传到位，服务周到，不足的地方是竹叶青茶业以绿茶为主，很难满足消费者的多样化需求。

区域市场机会分析。分析完竞争，那就得判断自己是否还有机会了。我们看一个日照绿茶的案例。日照绿茶的质量非常不错，也有很多家比较知名的品牌，如日照碧波、雪青、御青。其中企业规模最大的是御青茶业有限公司，但是它最为核心的市场却不在日照。这是因为御青茶业有限公司看到日照这么小的一个市场，已经有很多家茶叶企业在抢市场，市场竞争非常激烈，而最为重要的团购市场却不是自己的优势资源。正是因为市场竞争环境对自己并不十分有利，所以御青茶业有限公司把工作重点转移到了济南，并以济南为核心发展了山东其他区域市场，使御青品牌成功地成为日照的第一品牌。

第二节　区域精耕大于全面撒网

一、茶叶的区域特性

消费习惯的区域性。中国是一个传统的茶叶大国，有悠久的历史文化，中国也是一个产茶大国，有18个产茶省，占中国省级行政区的一半以上。正是因为产茶的地方这么多，喝茶的历史这么久，所以各地都养成了喝茶的习惯，而且这个习惯的区域特性非常强。例如，福建人主要喝铁观音、岩茶、正山小种，而浙江人主要喝龙井茶，四川人喝本地绿茶，云南人喝普洱茶，基本上都是一个地方的人喝一个地方的茶。非本区域的茶要想进入，难度非常大。

品牌认知的区域性。中国市场一直以来都是处于有品类无品牌的状态。由于消费者对茶叶的品类认知大于品牌认知，所以在有限的品牌认知中，这些品牌想要进入其他的市场难度也不小。像前面所谈到的日照碧波茶叶，它的消费者集中在日照，出了日照，品牌影响力就很小。这种情况在很多茶叶品牌中都存在。

企业实力的区域性。中国茶叶的龙头老大天福茗茶年销售额是十几亿元，八马茶业和竹叶青茶业的销售额在十亿元以内，安化黑茶的第一品牌白沙溪年销售额是2亿多元。大多数茶叶企业的年销售额在几百万到几千万元之间，他们的实力非常有限，想做好本地市场都还比较吃力，更何况要开拓其他市场。

企业组织的区域性。多数茶叶企业都没有建立一个全国性的管理组织，它们的管理组织大多只能做好一个区域，有些甚至于连一个小区域也不一定能做好。笔者曾经在为一家四川茶叶企业提供服务的时候发现，它就在本地有几家专卖店，销售队伍就是专卖店的几个店员加一位区域经理。事实上专卖店的店员还是由学生兼职的，只有一个区域经理是全职的，其他区域的营销人员一个也没有。这样的一家企业，想要做其他的市场也不是一件容易的事。

二、好钢用在刀刃上

企业可利用的资源非常有限，所以必须要资源聚焦。“好钢用在刀刃上”，意思就是说要资源聚焦。茶叶企业本来规模就小，实力就弱，加上农业的特点，前期生产投入的成本比较高，收益相对比较慢。

区域聚焦，能做区域的时候绝不做全国市场。做全国市场需要的资源配备是比较高的，说实话，现在的中国茶叶企业没有多少能真正做全国市场，能把自己的一亩三分地精耕细作好就已经非常不错了。山东日照碧波茶叶，只靠日照市区的团购渠道，年销售额就达好几千万元，就这样稳坐日照市的第一品牌。这就是区域聚焦带来的好处。

品牌聚焦，先做好一个品牌。目前很多茶叶企业热衷于同时运作多个品牌，但是他们没有想到的是，自己连一个品牌都还做不好的时候，就去运作其他的品牌，这样怎么能做得好呢。品牌运作需要投入大量的费用和人力，同时也需要企业有丰富的品牌运作经验。

产品聚焦，不管是区域聚焦还是品牌聚焦，都得有一个产品聚焦的突破点。企业与消费者之间的联系是通过产品建立的，消费者对品牌的认知也是建立在使用产品的基础之上。前期企业一定要有一个主打产品，以这个主打产品带动品牌认知，得到消费者的认可后，才可能促使消费者把这种品牌情感转移到其他产品上去。

客户聚焦，榜样的力量是巨大的。茶叶企业可能会有很多客户，不可能把所有的客户都一视同仁，一定要有所区别。邓小平曾经说过：“要让一部分人先富起来”，扶持重点客户就是要让“一部分人先富起来”。“先富起来”的客户起到了模范带头的作用，让其他客户看到了成功的典范，这样客户才会更紧密地与企业一起发展。

费用聚焦，费用聚焦就是确保企业的聚焦战略得到实施。所有的工作都离不开费用。不管什么样的聚焦，费用聚焦都是关键。说得再好，如果不去实施，也没有什么用。

毛泽东十大军事原则之一就是集中优势兵力打歼灭战，商场也是如此。资源聚焦其实就是集中优势兵力打歼灭战，这说明在商战中，不管如何，企业还是得聚焦，这样资源的使用效率才能达到最佳。

第三节　如何运作全国市场

一、下棋先得布局

高手过招，开局调兵遣将，战略布局决定了棋局的胜败。如果把市场运作看成一盘棋，下棋首先讲究的是布局，做市场的道理也是如此。如果说一个小的区域讲究的是某一个具体战术的好坏，而做全国市场则是布局决定全盘的胜败。这里所说的布局是指区域选择问题，我们重点分析区域的布局问题。

全面推进式。全面推进是指全国市场统一步伐，同时推进。这种方式只适合一些财大气粗的企业，他们不差钱，也有足够的产品资源。在福建就做福建茶，云南就做普洱茶，湖南就做黑茶，可以适应不同区域的消费习惯。目前这种类型的企业很少，基本上只有中茶公司一家，它背靠中粮这棵大树，自然不缺资金，在各地也有不同的品牌和产品品类，能满足消费者需求。但是，这种全面推进式的布局风险极大，可以做和能不能做完全不是一回事。就算是中茶公司也得充分分析各方利弊，然后再去做慎重的决定。

步步为营式。这种布局是最传统的区域布局方式，先做好自己所在的市场，把基础做好了，再扩散至相邻的区域，一点点地进行市场推进。这种布局方式比较保险，风险相对比较小，但是区域拓展的速度会比较慢，在市场发展的初期可以用这种方式。如果企业想要快速发展，就不适合选择这种方式。以前的王老吉就是用这种方式进行市场布局，十年前，王老吉基本只做广东、福建、浙江南部的市场，从区域来看是一步一步推进的。它先在这些区域打下很好的基础，为后来的发展积累资源和经验。

重点突破式。寻找到合适的市场，集中资源进行重点突破。前面所说的御青案例就是这种方式，重点突破的好处在于集中企业所有的优势资源，可以短时间在一个区域市场形成强大的品牌效应，快速提高销售量。这种布局方式对重点市场的选择很重要，这种方式多数都将企业的所在地作为重点市场，如果不是选择自己的基地，而是选择其他的市场，如御青，那就需要慎重考虑。

撒胡椒面式。很多茶叶企业本来就没有什么区域布局的概念，想到哪做到哪，哪里有机会就去哪里做。我们将这种方式称为撒胡椒面式，没有目的，没有重点。这种做法并不是没有一点可取之处，在企业非常弱小，没有营销能力和管理能力的时候，企业只能成为一个机会主义者，哪里有机会就去哪里。但是对于一些想要有更好发展的企业，使用这种方式的时间要尽可能的短，这样对企业的发展会更有利一些。

蛙跳式。所谓蛙跳式就是像青蛙在水面上跳一样，每跳一次就激起一片涟漪。企业已经有一定规模的时候，想在全国市场进行复制但又不具备实力的时候，可以采用蛙跳式布局。我们可以把市场看成水面，企业就是青蛙，一个区域市场是一个落点，在做好一个市场后采用跳跃式的前进，在两个点中间的区域会被辐射到。这种方式相对来说比较快速，资源的利用效率也会比较高。但是这种布局方式的核心在于选择落点，好的落点可以大大提高成功率。

二、市场需要什么

要做全国市场还得看市场需求，企业能否满足市场需求，是企业产品规划的核心要点。如果企业的产品与市场明显背离，那肯定没有办法成功。市场需求主要从区域经济状况、当下的消费习惯、行业消费趋势三个方面去考虑。

区域经济状况，决定市场是否适合开发。很多人认为，选择什么产品和区域经济状况没有关系，宏观经济和茶叶的距离有点远，这些宏观的经济数据也影响不了茶叶的销售。其实这种想法是不对的，我们所有的经济行为都与宏观经济有着密不可分的联系，更何况茶叶行业是一个受宏观经济影响非常大的行业。茶叶行业十来年的高速增长是建立在国家整体经济增长的基础之上的。茶叶虽说是中国传统的饮品，但不是生活必需品，只有人民生活水平达到一定程度的时候，消费者讲究生活质量了，才会开始关注茶叶这种休闲饮品。同样我们看中国各区域的茶叶消费量，也与宏观经济有着密不可分的联系。市场容量最大的市场是广东，行业内有个说法是云南普洱茶的销售量，广东占到了七成。如果说广东没有代表性，那我们看看东北的市场，在整个东北的茶叶市场，大连的市场容量最大，对比一下经济状况，大连的经济在东北也是最好的，房价也最高。所以区域经济状况是企业选择目标市场的一个重要指标。

当下的消费习惯，决定了市场开发的难度。如果企业仅靠经济状况去判断市场，那是非常不合理的。例如，同样是一线城市，北京和上海在茶叶市场方面就完全不是一个等级的，从八马茶业在北京和上海这两个区域的门店数量对比我们就可以看出，八马茶业在北京地区共有 36 家门店，而在上海地区只有 7 家。上海是一座受西方文化影响较深的城市，流行小资情调，对品洋酒、喝咖啡比较感兴趣，但是对于茶叶，接受度就比较低。同样，把川茶卖到安徽，难度也比较大，因为安徽人有自己的喝茶习惯，习惯了本地茶叶的味道，要改变他们的习惯，难度非常大。所以对茶叶企业来说，目标区域的消费习惯是选择市场开设的一个重要指标。

行业消费趋势，决定企业能否顺利发展。产品是有生命周期的，如果这家茶叶企业的主要产品已经不是主流消费的品类，也不是行业内发展很好的品类，那么企业做市场拓展就得小心了。例如，如果在前几年铁观音火遍全国，行业增长速度很快的时候，福建的茶叶企业去做铁观音，拓展市场的难度会小很多，并且未来的发展空间也会比较大。但是如果现在开始做新铁观音品牌，在市场进入成熟期、成长空间很小的时候，开拓市场的难度会很大。近两年红茶比较热，而且消费者都比较容易接受红茶，做红茶的企业拓展市场就相对会容易一些，所以了解行业的消费趋势是企业未来能否成长的关键。

三、强龙不压地头蛇

直接与区域内的本地竞争对手竞争不是一件明智的事情。现在的茶叶市场有点像十年以前的白酒市场，几乎每个地方都会有自己的茶叶企业，有自己的地方品牌。企业在开拓市场的时候会直接面临本地品牌的竞争，如何解决这个问题，关系到企业能否顺利在这个区域站稳脚跟。俗话说："强龙不压地头蛇。"直接的对抗可能会为企业带来不必要的损失，这非常没有必要。面临这种状况，我们可以使用以下三种策略来面对。

第一，避其锋芒。进入人家的地盘抢市场，还是尽量不和地头蛇起正

面冲突比较好。虽然茶叶行业不像酒行业那样有那么大的市场，竞争的激烈程度相对要缓和很多，但是市场只有那么大，蛋糕只有那么多，还是不要与地方强势品牌直接竞争会比较好。一般来说，地方强势品牌的领导人都会在地方茶叶协会担任比较重要的职务，有些领导人甚至在政协、人大任职，这些人基本上与地方官员有很好的关系。虽然茶业行业还不至于做到暴力对抗，但是他们整合当地资源的能力是比较强大的，不管是直接的市场竞争还是非直接的竞争，外来者都很难占到便宜。

第二，攻其不备。在站稳脚跟后，要研究对手的弱点。一般来说，当地比较强势的品牌服务意识都会比较差一些，因为市场相对稳定，产品更新升级也会更慢，针对消费者的促销也会少一些。新进企业仔细查找对手的弱点后，找出最为关键的环节，从这一点上突破，撕开对手的防线。一般来说，找一个与对手主销产品类似的产品做促销是一个不错的办法。这种方法对竞争对手来说会是一个非常大的打击，不只影响它的销量，还会影响它的利润。

第三，釜底抽薪。在对竞争对手进行弱点突破后，可以再用釜底抽薪的策略直接破坏对手的根基。这个策略的目的是通过利益，分化其合作伙伴，在对手的营销体系中切开几个关键的口子。具体来说有这样几种方式：

（1）直接收编对手的渠道客户；

（2）让对手的渠道合作伙伴同时销售自己的产品；

（3）用强大的公关和品牌吸引来改变消费者的习惯。通常这个策略要与其他的策略结合，效果会更好。

四、人力大于产品力

茶叶行业中人的因素很关键。茶叶产品很有意思，一定要深入了解和研究之后才能感受到产品的魅力，而深入了解不是一朝一夕可以解决的问题。因此，对消费者的前期引导就显得特别重要。茶叶产品需要细细体会，如果没有引导，多数对茶并不敏感的消费者是难以很快感受产品特点的。正是因为这样，所以在消费者接触茶叶产品的过程中，介绍产品的这个人非常重要，这也是人力大于产品力的原因。

消费者通过店员了解品牌。不管哪个品牌，消费者都很难通过一两次简单的接触就能了解品牌的文化和内涵，而通过专卖店店员了解品牌的文化和内涵就是一个非常快捷的方式。在品牌传播方面，竹叶青茶业做得很好，竹叶青茶业多数门店的店员都对品牌文化有比较好的了解。但是目前多数品牌其专卖店店员品牌宣传方面做得非常不到位，笔者经常到市场了解各品牌的情况，很少会有企业专卖店的店员能够把品牌文化介绍得很清楚的。专卖店其实是品牌宣传的一个很好渠道，而且这个渠道还是品牌专属的，通过专卖店，可以让消费者对品牌有更多的了解。

消费者通过店员了解产品。介绍产品是所有店员都会认真做的，但却不是所有店员都能做得好的。多数店员在介绍产品的时候从自己或者企业的角度去介绍，其实最好的介绍方式是站在消费者的角度去介绍。

这种介绍分为两个方面：一种是视觉，另一种是味觉。视觉方面主要是先了解消费者的需求，购买产品的目的是什么，自己用还是送人，自己用是想取得什么效果，送人又想达到什么目的，店员根据消费者的需求为消费者介绍真正适合的产品。笔者在市场走访的过程中，很少会有店员真正的从消费者角度去用心介绍产品，更多的是以一种做生意的想法在介绍产品，介绍一些他们想推荐的产品，而不是消费者想要的。味觉的感受是店员在请消费者品茶的时候，不能用一种生硬平淡没有感情的语言去介绍，而要营造一种意境，充满感情地引导消费者细心体会。这样可以使消费者进入一种状态，味觉更敏锐，更容易体会产品的特点，也更容易购买产品。

消费者通过店员了解服务。真正喜欢品茶的人讲究的是文化，是感觉，所以他们对服务很看重。天福茗茶为什么能发展得这么大，和店员的服务态度分不开。其店员对待每一个客户都很亲切，不管消费者买或者不买，都是笑容满面地服务，这在十年以前，是极有特点的，所以它积累了一大批忠实的客户。但是自从天福茗茶上市以来，明显感觉店员的服务意识差了很多，销售的目的性更强、更功利了。在各大茶叶品牌服务都很到位的时候，天福茗茶的服务却降低了，随着服务态度的改变，天福茗茶的销售也会一点点下滑。

五、点、线、面的关系

这里说的点、线、面，是在做全国市场的时候企业需要考虑的几个战略要点。这几个要点之间的关系指导企业在做市场的时候应该如何运作。

点，所谓的点，就是一个最小的销售单位。这个最小的销售单位根据企业的情况不同而有所不同，有些是一家专卖店或者店中店，有些是一个办事处，有些是一位经销商，但是不管是哪种情况，只要是最小的销售单位就是一个点。这个点承担了直接的销售工作，承担了市场一线信息的收集工作，承担了企业营销政策的执行工作，所以这个点很重要。

线，所谓的线，是指连接两个最小销售单位之间的线。这个线是虚的而不是实的，它表示两个销售单位之间的关联，对市场的覆盖范围是否合理、它们之间是否可以产生营销的协同，这些就是这条线的意义。如果这两个点在区域覆盖、营销协同方面都做得不错，那么这个线就可以看作是一条实线，对企业非常有意义的线。如果这两个点之间没有任何关系，就只是两个点，那它们之间的线就是一条对企业没有任何意义的虚线。

面，所谓的面，就是相邻三个销售单位之间的线所包围的这个区域。我们都知道，三角形是最为稳定的结构，市场也如此。企业借助这个三角区域可以有效地控制这个面里的区域市场。如果三个点包含的区域都能在点的覆盖范围内，那这个面就是企业的势力范围了，如果这个面是企业无法完全覆盖的，那这个面对企业的市场来说同样有非常深远的意义，不在企业势力范围的区域也会逐渐被占领。

先有点，然后有线，最后有面。点、线、面说明的还是一个区域布局的问题，它和前面所谈到的蛙跳战术比较接近，但是蛙跳式是一直往前，而点、线、面的关系是布一个点，连一条线，占一个面，像拉网一样一步一步占领所有的区域市场。

【第3章】

渠道是企业稳定的基石

第一节　好高骛远与脚踏实地

一、渠道的战略地位

如果说品牌是企业的无形资产，渠道则是企业看得到的宝藏。几乎所有的行业都非常认可这个观点，但是茶叶行业却并不如此。在茶叶行业内，几乎所有的企业老板都重视自己的品牌建设，却很少有人关注渠道建设。我们可以看到不管茶叶企业大小，都投入了各种广告宣传，但是在渠道方面的投入却非常有限。

不管在什么时候，渠道的重要性都不言而喻，曾经排名中国富豪榜首位的娃哈哈老板宗庆后，其赖以生存和发展的就是由其首创的“渠道联销体”。前几年“达娃之争”，宗庆后最后能取胜的关键就是“渠道联销体”。加多宝凉茶在几个月时间内再夺第一，依赖的也并不是品牌的力量，而是隐藏在背后强大的渠道控制力。从茶叶企业的规模来看也是如此，排名靠前的企业如天福茗茶、八马茶业、竹叶青茶业等，也都是因为有比较强大的渠道力量。

在茶叶行业内，渠道的作用必需被提高到战略重点的高度。要体现渠道的重要性，茶叶企业应该做到以下三个重视。

第一，重视渠道的战略地位。目前虽并不需要强调把渠道提高到最重

要的地位，但是至少应该把渠道与品牌放在同等重要的地位。品牌建设有捷径可走，而渠道建设没有。渠道建设是一个见效相对较慢的工程，茶叶企业的领导对此要有耐心，一步一个脚印，踏实前行。

第二，重视渠道建设投入。战略地位的重要性不是靠口头说说的，而要看实际的投入。投入比例的高低能看出企业对渠道的重视度。通常品牌投入比较好衡量，可以计算做了多少广告，费用是多少；做了多少公关活动，费用又是多少。企业的渠道建设投入包含渠道招商费用、渠道促销费用、渠道管理费用，这些费用都应该列入企业的日常费用计划，而不是想到就有，没有想到就算了，这样无法体现渠道的重要性。

第三，重视渠道管理人才。如果说品牌企业可以借助外部广告公司的力量，那渠道人才企业就只能内部培养。要建立人才培养的机制，从任职资格、招聘、培训、考核等方面寻找和培养合适的人才。渠道工作的好坏很大程度上取决于渠道管理人员个人能力的强弱，所以建立渠道人才培养体系非常重要。

二、理想与现实的差距

在茶业行业渠道运营中，理想和现实存在很大的差异。我们经常可以看到企业抱有一些幻想，希望招商可以招之即来、来之能战、战之能胜，用不了多久，自己的红旗就插遍全国。但幻想之所以为幻想，就是因为太不切实际。下面总结一下茶叶企业在渠道上存在的三种理想与现实的差异。

招商效果理想和现实的差异。我们通常看到企业在做招商工作的时候主要通过广告和展会进行招商，以为只要做了这些工作，自然而然就可以招到商了。其实不然，广告和展会都只是一个方面而已，我们看过太多茶叶企业在投入了招商广告和参加了无数次展会后，也没有招到几个客户的情况。原因何在？很简单，企业展示出来的东西并不能成为客户选择的理由。招商效果的好坏来自于前期做的大量工作，如果把基础的工作给省略了，直接进入与客户沟通的招商环节，那效果就可想而知了。有一些企业为了招商，做了企业的宣传画册，但是里面的招商内容和其他品牌的内容基本上大同小异，对客户没有任何吸引力。还有一些企业，连一本规范的招商画册都没有，这些企业的招商结果能好那才是奇迹。

渠道销售理想和现实的差异。花了九牛二虎之力，好不容易招到商了，很多企业就以为可以高枕无忧了，可以躺在家里数钱了。这个可就大错特错了，招商成功才是万里长征的第一步。渠道的销售情况和理想一定会有很大的差异。目前的茶叶行业销售模式大同小异，产品的可替代性也很强，而培养一批比较忠诚的消费者所需要的时间也比较长，所以多数茶叶品牌在招到商后，在很长一段时间内并没有取得比较理想的销售业绩，这是由整个行业市场决定的。当然，有些企业在招商的时候有意识的招有商政人脉关系的客户，这种客户开始的时候业绩上升得会比较快，但是增长空间有限，当所有的客户都在抢占这个市场的时候，那这个市场也就不好做了。

渠道管理理想和现实的差异。渠道建好了，还需要好好管理。茶叶企业大量专卖店实行统一管理，不仅要统一店面，而且要统一产品及价格，更要统一管理及文化，这才能发挥渠道应有的作用。但是目前很多企业是做不到的，一些企业的直营门店是挺不错的，管理比较规范，但是加盟店的情况就差多了。以安溪铁观音集团为例，我们可以看到一些外埠的专卖店除了有统一的门头外，完全感觉不到这是一家规范的茶叶企业的专卖店，里面的茶叶产品很多都不是加盟品牌公司的，产品陈列混乱，服务也不到位，说句不好听的，有“挂羊头卖狗肉”之嫌。这种情况不止一家企业有，很多茶叶企业的渠道都有，渠道管得不好，企业一定是做不好的。

三、步步为营建渠道

渠道到底应该怎么建呢？估计现有的茶叶企业没有多少人能明白，通常的做法是随遇而安，或者借鉴复制。复制的时候又只学到皮毛而没有学到精髓，所以现在看到的茶叶渠道建设是一片混乱。其实只要我们掌握一定方法的话，渠道建设也不是那么困难的。

从大到小，规划的时候要从大到小。渠道也是一个关乎企业营销战略的问题，战略问题先得有规划，规划就得从大到小来考虑。企业先得考虑自己是做全国市场还是做区域市场，是做直营还是做加盟，是做专卖店还是做流通，是做商超还是做茶叶市场，是做线下销售还是做线上电子商务，这些问题得事先想清楚，到具体做的时候才不会慌乱。从大到小就是先把整体的问题考虑清楚了，然后在整体明确的基础上确定具体的实施步骤，这样才是一个科学的规划方法。

从小到大，实际执行的时候要从小到大。也就是我们在具体做事情的时候，一定要从小的事情开始做，把具体的小事情做好了，才有可能把大事情做好。例如招商，我们把招商政策、招商画册、招商团队、招商话术、招商目标等一系列具体的事情一件件做到位以后，招商这件大事情就差不多可以做好了。其他的渠道工作道理也是如此，工作讲究的是具体、细节，方向对是做正确的事，具体工作则是要正确地做事。

规则优先，先把游戏规则建立好。销售渠道所涉及的区域范围比较宽，管理难度相对较大，要想把渠道各个环节都管理到位，必须事先把游戏规则确定好。例如，如果以直营专卖店为主，那不同区域的专卖店都是一样的管理；如果以加盟专卖店为主，那么加盟专卖店的产品、店面、进货、目标、促销、激励、考核等应该怎样做要确定好。规则的建立是非常重要的一步，俗话说“没有规矩，不成方圆”，就是这个意思。建立好规则后，所有的管理行为就有据可依，管理起来难度也就小了。千万不要以为企业规模小、与客户关系好，这些东西就可以无所谓了，反而企业规模小、与客户关系好更需要建立规则。企业规模小的时候，建立规则相对容易，这样更容易规范企业以后的行为。与客户关系好需要建立规则是因为公事公办，把丑话说在前面更有利于后面的管理。

强力执行，任何规则如果没有执行，那就等于没有规则。规则建立好了就要强力执行了，销售渠道管理的核心就在于规则执行。现在茶叶企业有很多渠道客户都是与企业有着千丝万缕联系的，这些关系都会影响企业的管理，所以茶叶企业必须要有六亲不认的超强执行力，这样才能保证企业建立的规范得到有效执行，才能使企业与渠道真正成为一体，协同作战，把企业的营销策略贯彻落实到位，取得理想的营销结果。

第二节　自建渠道与借力使力

一、自建渠道的利弊

天福茗茶目前是中国最大的茶叶公司，天福茗茶的渠道基本上都是自建的。也许有一些企业会认为，自建渠道是成功的关键。事实不然，自建渠道有利有弊，得综合分析才能决定。

自建渠道的好处有以下两点：

第一，**产品毛利较高**。企业自建渠道，从生产、批发到零售所有的流通环节都掌握在自己手中，所有渠道环节的利润也都在自己手中，产品的毛利率会比较高。这样企业在做品牌推广的时候可以拿出更多的费用。毛利高了，企业的一些硬件、软件条件也可以更好些。

第二，**渠道容易管理**。自建渠道因为所有的人、财、物都在企业自己的控制范围内，所以管理起来更容易，企业的营销策略执行起来也更方便，执行力也会更强。不管是专卖店还是流通渠道，相对都会容易操作。

自建渠道的弊端有以下两点；

第一，**渠道投入成本高**。自建渠道初始成本非常高，以开设专卖店为例，如果企业自建一家专卖店，前期投入的资金包括门店租金、装修费、产品占用资金、人员工资、门店开设所需的各种证件费用等，一次性投入的费用较高，一个比较理想的结果是一年左右把前期投资收回来，但是投资的真正盈利得在一年之后了。如果企业资金实力不够，那自建渠道将是极大的一个资金负担。

第二，**组织能力要求高**。因规模扩大、网点增加、人员增多，自建渠道对企业的组织能力要求也就提高了。资金使用的有效性、人员配备的合理性、渠道网点之间的配合性、总部与网点之间的衔接，这种组织关系的复杂程度会更高，对企业管理的要求也更高了。而现在中国茶叶企业大多数还处于管理水平比较落后的阶段，这种管理难度对企业来说是一个很大的挑战。

二、合作渠道的利弊

某著名茶叶企业有很多合作网点，该企业发展到现在的规模，这些合作网点功不可没。合作渠道的利弊与自建渠道基本相反的。

合作渠道有以下两大优势：

第一，发展速度快。合作渠道大部分工作都是由加盟商去做的，企业要做的事情非常少。从一家专卖店来看，企业要做的事情就是准备好产品，给加盟商提供装修标准图纸，确定区域内的营销策略，而加盟商需要做的工作有准备店面、装修、进货、招聘人员、办证等。正因为多数工作都由加盟商做了，所以企业开拓市场的速度非常快。如果说企业一个月可以开两家连锁店的话，那么采用合作加盟的形式一个月理论上可以达到数十家甚至上百家店。

第二，资金回笼快。利用加盟商的资源，企业不需要投入市场基础费用，同时还可以快速回笼产品费用，企业资金周转速度加快。通常企业合作渠道资金周转率是自建渠道的几倍，企业的现金流提高了，市场灵活性也会更高。

合作渠道有以下两大劣势：

第一，管理难度大。合作渠道本身的合作就是建立在利益基础之上，这种合作基础本身就不太牢固，要处理好这种关系，管理难度很大。一般来说，如果加盟商可以通过合作取得很高的经济利益，那么管理难度相对会小一些，如果合作不能确保获得很好的利益，那么"大难临头各自飞"，企业就很难约束加盟商的行为了。茶叶行业虽然有很好的发展趋势，但是同样也面临很强的竞争环境，不管哪一个品牌，这种合作都很难保证预期收益，所以在这种环境下，对加盟商的管理难度会比较大。

第二，产品利润率低。对于加盟商来说，利益是考虑的第一要素，而且市场的很多基础费用都是由加盟商支付的，所以企业必然要将大部分利润让给加盟商，对企业来说自己的整体利润率就降低了。

三、合适才是最好的

分析了自建渠道和合作渠道各自的优劣势，我们可以更清楚地看出自建渠道和合作渠道的异同。但是对企业来说，还是很难通过这种分析来确定自己究竟采取什么样的渠道模式。其实不管是自建渠道还是合作渠道，本身没有好坏、对错之分，别人成功的方式不一定适合自己，别人不用的方式也未必就不适合。

以目前主流的专卖店渠道为例，我们可以通过以下五个原则去判断。

第一，前期自营。在企业运作的前期，一定要自营。因为企业刚开始运作市场的时候，对于市场的情况还不太熟悉，自己的产品是否适合市场需求、产品的定价是否合适、包装消费者是否喜欢、专卖店管理体系是否科学合理，这些都没有得到市场的验证。企业如果不通过自营去发现市场的需求，第一时间做出反应，企业则无法做大做强。如果企业不通过自营专卖店去实验和规范门店管理，那么就算自己的产品能得到很好的市场认可，在渠道管理方面也会是一片混乱，企业也不可能有好的发展。

第二，重点自营。所谓重点自营是找重点市场做自营。在运作市场的时候，一定要找到核心的战略市场。这种核心战略市场可以占据品牌制高点，有强烈的区域辐射能力。例如一个茶叶企业，想要开拓四川的市场，那么应该在成都有自营的渠道。当然，重点自营并非是指这个区域内所有的网点都要自营，而是要在重点市场建立品牌辐射点，以自营网点去影响这个区域的其他合作伙伴，以点带面，带动整个市场良性发展。

第三，合资共赢。在一些比较重要的区域，而企业又没有那么强的实力去运作市场的时候，茶叶企业可以采用合资的方式进行市场运作。这种方式是在其他行业验证过、比较有效的方法，如家电业的格力、奶业的蒙牛，都是这种方式的受益者，茶叶行业也可以采用。合资可以整合企业的营销能力、管理能力、专业人才，加上合作者的资金、当地优势资源，强强联合，会有很好的效果。

第四，全面覆盖。渠道的主要功能是方便消费者购买。从这个角度来看，渠道的覆盖面越广越好。渠道不仅在区域内要全面覆盖，同时渠道类型也要尽可能多样化，例如在开专卖店的同时要寻找合适的流通经销商，考虑进入当地的商超渠道，还可以跟进电子商务，开拓网络渠道。渠道要尽可能全面覆盖。

第五，避免冲突。在多渠道运营的时候要考虑渠道冲突的问题。专卖店和流通经销商的产品是否是一样的，它们在产品销售过程中的价格控制是怎样的，会不会有冲突？如果有冲突的话应该怎么解决？如果企业多渠道运作的话，最好是渠道分产品来运作，这样互相之间起冲突的可能性会更小些。另外，如果茶叶企业只做专卖店渠道，那么也不是越密越好，每个门店都有一定的覆盖范围，如果把门店开得太密，会造成门店之间的不良竞争，这对企业的发展是不利的。在渠道运营的时候一定要避免渠道之间的冲突。

第三节　建立稳定的营销战略联盟

一、选择大于努力

努力有时候可以起到一些作用，但是很多时候却很难获得理想的效果。我们发现很多茶叶企业不断地选择加盟商或者经销商，不断地有新的合作者加入，又不断地有老成员退出。其实这对企业来说是一件非常不利的事情，虽然选择渠道合作商是一个非常快速的渠道建设方法，但是如果没有一支稳定的渠道队伍，营销工作的进展会非常缓慢。并且渠道成员不断地更新，很难建立高素质的渠道队伍，也容易降低品牌在区域内的信誉。对于一些不太理想的渠道成员，要想把市场做好，茶叶企业也得花很多精力去帮助他们进行市场运作，费时又费力，而又不见得有成效。

从茶叶的渠道合作商来看，选择大于努力。如果没有选择好渠道合作商，那么会事倍功半；如果选择得很好，那就是事半功倍。

选择是容易的，如何选择是不容易的，作为茶叶企业来说，用什么样的标准来选择，可以更科学更准确一些呢？我们可以依据以下五个指标去衡量。

第一，生意现状。所谓生意现状是指目标合作者正在从事的生意是什么。是否是茶叶行业人士，如果是茶叶行业人士，那么他对产品会比较了解，不需要太久的学习和适应，进入会比较快。如果他所从事生意的目标消费者与茶叶行业的目标消费者比较接近，例如名酒，虽然他需要一段时间来学习，但是因为有共同的消费群体，所以营销工作开展起来也会比较容易。渠道合作商最好是从事茶叶行业或者与茶叶有共同消费群体的成员。

第二，营销思路。目前茶叶行业的渠道运作多数是依赖渠道合作商，所以做得好不好，很大程度上得看渠道合作商的营销能力。渠道合作商有没有自己的营销思路，愿不愿意在市场拓展上投入是选择的关键。有营销能力但是不愿意在合作中投入精力，那么这种合作者也不是一个理想的合作者。有想法、愿意干，才是理想的合作者。

第三，资金实力。能否做好市场需要有一定的资金背景。虽然现在茶叶专卖店的生意都还算是小生意，所需要的资金相对不是很多，但是只要做生意，就一定有资金的需要。好的合作者不是靠这次合作赚的钱来养家或者维持生计的，如果他是这种情况，那么以目前茶叶生意的持久性，他将很难坚持下去。所以，这方面比较理想的是合作者至少在投入资金做一家门店后，还有足够满足自己生活需求的资金来源。

第四，对茶叶的感情。如果合作者是一个对茶叶有很深厚感情的人，那他会在茶叶行业里投入更多的精力，也不会计较短时间内的盈亏。而一个对茶没有任何感情的合作者，他一切决策的前提就是利。由于茶叶行业的特殊性，难以在短时间内获得很好的效益，所以合作者的稳定性会差很多。

第五，人脉关系。人脉是区域市场能否快速启动的关键。由于茶叶行业目前主要的消费群体还是一些商政人士，而这些人士很多都是在固有的圈子里活动，所以渠道合作商在当地的人脉关系也很重要，是茶叶品牌在这个市场上能否快速得到认可的关键因素。

企业在选择合作者的时候并不一定要完全遵从这五个方面的要求，但是这些可以让企业更深地了解和科学地判断合作者的情况，能帮助企业找到更合适的合作者，让企业成长得更快。

二、从放羊到牧羊

简单来说，目前茶叶企业对合作者的管理方式就像是放羊，还是纯散养式的。市场就是一片草场，你能否吃到草，能否长肥都是你自己的事情，你要是运气不好，走到一块没长草的地方，旁边还有比你更强壮的羊，那么你饿死的可能性也不是没有。不管这一切的结果怎么样，牧羊人都是一个人坐在房顶上自娱自乐，羊群的生死存亡和他好像没有太大关系。

茶叶企业的合作者通常会感到无助和无力，通常都是“一个人在战斗”。放羊肯定不是一个很好的管理方式，所以**要把放羊变为牧羊，把粗放的合作管理变为更好的配合与支持，变一个人的战斗为一群人的战斗。**具体如何把放羊变为牧羊，有以下几点需要注意：

第一，确定对合作者的整体支持政策。这实际上是一个合作的基础条件，也就是各自的权利义务如何分配的问题。现在很多茶叶企业在这部分做得都比较少，都是随性的做法。实际上支持政策要明确企业如何保障合作者的利益（如区域保护、价格保护等）、如何扶持合作者的销售（促销支持、费用支持等），而渠道合作商也要明确自己怎么去运作市场、如何确保市场的合理投入（如费用、人员等），这是双方合作的基础前提。

第二，确定合理的销售目标。合作是为了把市场做得更好，既然如此，就要确定一个科学合理的目标，把目标作为考核渠道合作商的关键指标。渠道合作商应该尽全力去实现这个销售目标。在渠道合作商考核期满后，该奖的就得奖，该罚的就得罚，不能没有约束，要尽可能调动合作者的积极性。

第三，企业应该定期制订品牌推广计划。企业在空中进行品牌推广，合作者在地面推进产品销售，互相配合才能把市场做得更好。茶叶企业应该根据公司整体品牌推广计划设定区域的推广计划，让品牌更快更好的得到当地消费者的认可，这方面的工作必须由企业来主导。

第四，要随时给合作者一些指导。茶叶行业的合作者多数不太懂市场营销、企业管理，也不太懂如何选择产品、如何进行产品促销、如何进行门店管理、如何进行品牌推广。茶叶企业应该培训好自己的营销人员，定期并及时地对合作者进行指导，同时也可以组织合作者一起集中学习，提升他们的管理水平、营销水平，这样也有利于品牌的发展。

放羊和牧羊都只是一种说法，牧羊主要是要把合作者给管起来，要保护和支持他们，在他们有需要的时候就出现在他们面前，这样客户会更有安全感，也更容易与企业进行长期合作。

三、服务带来销售

世上没有无缘无故的爱，也没有无缘无故的恨。同样，世上也没有无缘无故的成功，也没有无缘无故的失败。**销售工作的结果只是一串没有任何感情的数字，不管是成功还是失败，反映出来的都只是数字，但是成绩的背后一定有着无数的付出和汗水。**

茶叶行业从企业到加盟商、经销商与其他成熟的行业比起来营销能力都会差一些，特别是加盟商，很多没有任何经营经验，只是抱着对茶的热忱或者是看好茶叶行业未来的发展前景，投入到茶叶行业中。这对茶叶企业提出了更高的要求，如何领导一群没有任何经验或者经验不足的合作者共赴美好的明天呢？

茶叶销售在销售过程中强调为消费者提供非常周到的服务。事实上企业对渠道合作商也应该是这样的，渠道合作商对企业来说是客户，客户就是上帝，如果没有渠道合作商，那么产品也谈不上面对消费者了。**只有为渠道合作商提供了周到的服务，才可能让他们紧跟企业的发展，贯彻企业的营销策略，从而取得良好的营销结果。**

企业可提供的服务有以下四种：

营销策略指导。茶叶企业对合作者的服务首先就是营销策略的指导工作。必须先让合作者清楚企业的整体规划，了解公司的发展计划，这可以以年会或者区域招商会的形式进行，但不是单向灌输，而是建立在充分沟通的基础之上。合作者了解了企业的发展规划后，企业的区域营销人员应该根据合作者所在的区域特点、竞争情况以及合作者自身的实力制定区域的营销策略。具体来说就是从合作开始的每一个步骤，企业的营销人员都可以指导他们进行市场运作，这种服务对目前的茶叶行业渠道客户来说是非常重要的。

人员技能培训。中国茶文化的博大精深使刚进入茶叶行业的人短时间内难以摸到门道。企业这个时候应该建立一个良好的培训机制，对渠道合作商的工作人员提供全面的培训，包括茶叶知识、品牌知识、产品卖点、服务礼仪、门店管理、销售技巧等。虽然现在有一些渠道合作商本来就是茶叶行业的，他们对茶叶的特点也非常了解，但是多数工作人员在与客户沟通和销售技巧方面还存在很多不足，企业需要在这个过程中去统一每个渠道网点的服务标准，这样才有利于企业的发展。

品牌推广服务。事实上品牌推广的主要责任方是茶叶企业。新品牌的市场推广难度会比较大，如果把这个品牌推广的责任全交给渠道合作商，那成功的概率会比较小。企业应该主抓所有的市场推广工作，而渠道合作商更多的应该是提供协助。这样有主有次，双方配合方能把品牌推广工作做好。

定期促销服务。促销是一个拓展市场、让消费者更容易接受、更快地提升销量的有效办法。企业应该根据时间节点和市场发展的需要确定市场整体促销及区域专项的促销方案，以帮助当地渠道合作商提升业绩。只有渠道合作商真正获得利益了，双方的合作才能更好地进行下去。

第四节　准确认识团购市场

一、茶叶团购甘尽苦来

茶叶的团购准确来说应该是集团采购，现在很多品牌茶叶企业都会把团购当成主要的销售渠道。不只是企业的直营网点这样，加盟网点也是如此，团购销售额在销售网点中所占的比例不小。

要说清楚茶叶团购的未来，得先说说茶叶团购的过去和现在。

茶叶团购的过去很滋润。首先，茶叶从普通农产品开始品牌化运作后，市场需求并没有很快培育起来。刚开始做品牌的一些茶叶企业只能把目光盯在一些对产品质量要求比较高、对产品价格不太敏感的集团采购，并且在这个细分市场很快就取得了成功，于是尝到甜头的企业把资源都向团购方面倾斜，产品也从满足团购客户的需求去开发。随着一批企业发展壮大，后来者看到了这个市场机会，于是纷纷跟进。**其次，**近些年来，由于各地经济转型，地方官员关注可持续发展的行业，而茶叶行业正好属于可持续发展行业，且收益又比传统农业项目高，所以地方党政和商界，对茶叶团购都展现出了巨大的需求。

茶叶团购的现在很艰难。在众多茶叶企业纷纷杀入团购渠道后，从前的蓝海也渐渐成为红海。茶叶团购已经不容易做了，渠道拓展的成本也越来越高，难度越来越大，竞争越来越激烈，团购的销售额在企业总销售额中所占比例下降。企业在团购渠道之外增加了流通、商超、电子商务等渠道，但是团购业务在企业众多渠道中还是比较重要。俗话说："屋漏偏逢连夜雨"，新一届领导人上台后发布的八条禁令，不断掀起的反腐风暴和提倡节俭风气让原有的公款消费和高消费一落千丈，高端餐饮和高端白酒销售已有明显的下滑，茶叶虽说团购金额相对较低，但是也难逃此劫。

茶叶团购的未来很细分。虽说团购的好日子已经到头了，但是并不意味着就没有未来，团购市场未来将不再以奢华和豪华为主流。团购将有两种市场长期存在：一种是普通福利用茶，这种茶讲究性价比，主要是单位作为节庆福利团购或者日常工作饮用；另一种是礼品用茶，这种还将长期存在，因为茶很容易成为某一区域的特色产品，这种特色产品用作商务礼品是非常合适的。但是这种产品也不再有以往的奢华，价格和包装也会更加大众一些。

二、怎么做茶叶团购

怎么做茶叶团购，对于这个问题也许很多企业觉得没有意义，觉得自己都是这样过来的，还需要研究吗？其实不然，也许很多企业的团购做得不错，但是不表示他们就会做团购，以前做得好也不表示以后也可以做得好。

现在茶叶企业团购一般的做法是由企业高层领导人去做公关，拿下客户的核心领导，然后由企业的营销人员进行跟进，持续进行茶叶的销售。茶叶企业的这种做法很难持续，存在以下两个方面的问题。

首先，企业高层领导的人脉关系是有限的。前期发展比较快是因为以前积累的人脉关系在短时间内起到了效果，之后人脉关系的积累会有变慢，市场拓展的难度会变大。

其次，高层领导的有些个人能力不是普通营销人员所具备的。高层领导精力有限，不可能成为一个超级业务员，而其他的营销人员又不具备这样的人脉和能力，很难继续拓展市场。

要做好茶叶的团购渠道，必须提高企业基层员工的营销能力，找到离开高层领导也可以很好开拓市场的方法。做好团购市场有以下八步法则：

第一步，找到客户。团购的客户主要是集团、单位或者特殊节假日的个人，以茶叶为礼品、福利的购买人群。

第二步，找到合作者。团购业务靠的主要是人脉，而人脉不是短时期内能够建立起来的，找到社会资源丰富的加盟商，其人脉是短期的商业运作投入无法取代的。开发社会资源型加盟商是团购策略的第一要务。商家利用“官商”的社会网络进行团购营销将会取得事半功倍的效果。

第三步，找到关键决策者。因为单位茶叶采购通常是单位工作人员日常饮用或者送礼，所以它的决策者一般是政府职能部门及大型企事业单位的分管领导或办公室主任。

第四步，找到决策者的兴趣点。在前期与团购决策者沟通的时候会很难深入，也不会有太多时间沟通。这个时候如果了解决策者的个人兴趣爱好，有一个很好的沟通切入点，那么互相之间的关系就融洽很多。

第五步，找到合适的产品。团购和消费者市场有明显的不同。每一个团购客户都可能会有特殊的一些需要，我们在做团购市场的时候必须要有满足这个客户需要的产品。

第六步，找到产品的竞争优势。关系再好，也得有优势。如果产品没有竞争优势，那么也很难得到这个市场。在做团购市场的时候一定要知道竞争对手是谁，他们的优势是什么，相比之下，自己产品的优势是什么。例如，竞争对手强调自己的产品质量稳定，那我们就可以强调自己的服务优势或者性价比高。

第七步，找到优秀的销售人员。在开拓团购市场的时候，销售人员的沟通能力非常重要。能否找到关键决策者、能否顺利与决策者搭上关系，是核心中的核心。

第八步，找到合适的销售时机。一般来说，市场都不太可能是空白的，准备开发的团购客户也可能有现成的供货商，那么找到一个合适的销售时机非常重要。例如竞争对手断货的时候，或者竞争对手出现产品质量问题的时候，如果这些都不行的话，那么也可以找到客户单位决策者换人的时候。掌握好的时机是团购工作的重点。

三、团购功夫在诗外

做到了前面几点并不意味着团购市场的开发工作就一定可以成功，事实上**团购是否成功不只取决于我们看得到的营销工作，也取决于企业在营销工作背后的准备。**

第一，要有合适的团购产品。任何一家企业的某个产品都不可能适合所有的渠道，在流通市场销售的产品，不一定能满足团购渠道的需求。对于团购来说，存在很多个性化的需求。如果可以有针对性地做一些特定产品，那么团购客户接受起来也会更容易一些。

例如，湖南三一重工股份有限公司（简称三一重工）是国内非常大型的一家企业，每年要给不少客户送礼。某茶叶品牌特别为三一重工定制了一款礼品茶，落款是三一重工，而这正好满足了客户的需求。当然这种定制是量比较大的时候才适合。

在不确定市场需求到底有多大的时候，企业需要研究某类客户的需求。

第二，产品的价格体系要符合团购需要。茶叶的毛利空间通常都还不错，但是团购的价格与市场零售价格会有很大的差别。如果我们没有专门设置团购产品，团购渠道的产品价格与零售市场一样，那么企业的价格体系就显得很重要了。通常茶叶产品会设定出厂价、批发价、零售价，有的还会设定二批价。团购价格一般来说应该界于批发价与零售价之间，同时也要确保分销商有足够的利润空间。如果是企业在根据地直接做团购市场，那价格控制就更重要了，企业不能只考虑自己能不能获得这个客户，还要考虑价格对市场的影响。

第三，做好团购市场公关。在团购市场，意见领袖的言行是非常重要的。我们经常看到领导抽什么烟，下属就跟着抽什么烟，领导喝什么酒，下属就跟着喝什么酒的现象。茶也是一样，领导喝什么茶，下属就喝什么茶，一个典型的案例就是金骏眉。团购渠道的公关活动必不可少，八马赛珍珠的全球品鉴实际也就是这个道理。

第四，团购要有组织保障。如果企业想把团购的工作做好，那就一定要有组织的保障。因为团购工作的特殊性，必须要有一个专门的部门来统一管理和安排。有了专门的工作部门，前面所谈到的几个要求才可能得到很好的执行。我们看到现在很多茶叶企业的团购都是由专卖店店员，或者是流通营销人员兼做的，从工作效率来说是没有问题，但是如果团购工作是一个重点工作，那就不太合适了。这时候就需要有专门的部门和资源配置，使团购成为日常工作的一部分，并且也可以不断总结调整，积累客户资源，获得良好的团购销售业绩。

第五节　单店成功 VS 系统成功

一、单店与系统的差异

专卖店是目前茶叶行业主流的销售模式。有一定规模的企业已经有很多家门店了，新进入的企业也正在开设多个门店。茶叶行业的品牌专卖店、个体专卖店已经遍布各大城市的大街小巷。

一些小型茶叶企业，在自己的根据地开了一两家门店后认为专卖店的销售模式还不错，销售情况还好，于是确定了专卖店的销售模式，大举扩张。实际上一两家店和一个以专卖为主的系统销售模式是有很大区别的。

单店只代表一个区域，不代表整个市场。一两家店开好了，那只能代表这一两个区域的市场还不错，不代表这种模式可以复制到整个市场。一般来说，在做市场分析的时候，样本数量越多，分析的结果会越准确，如果仅有一两个样本，那么从分析角度来说是没有太大意义的。所以在做市场的时候要有更多的分析数据做支持，这样才能做出科学的决策。

单店只代表个体，不代表整体。一家门店的人员素质也很难成为整个模式中其他人员素质的判断标准。企业在只有几家门店的时候，管理者会有更多的精力和时间来关注它们，员工有更多的机会得到领导的指导，所以他们的能力和责任感都会比较强。而如果大面积的开设专卖店，企业管理者很难个个照顾到，对员工工作的指导也很难做得那么好，所以随着门店数量的增多，员工的整体素质一定呈下降趋势。

单店工作流程简单，系统管理复杂。在经营一家门店的过程中，不管是进货出货，还是打折促销都会比较方便快速，企业在遇到问题的时候，调整决策也会比较容易，执行起来也会比较简单。但是如果是多个门店系统，这些都会比较复杂、麻烦。环节越多，漏洞就越多，系统管理就严格，而管理上来了，灵活性就下降了，企业内部的损耗也就增加了。

二、如何提升单店业绩

选择合适的产品。选择适合门店的产品很重要。茶叶企业一般都会有很多种产品，而一家 80 平方米的专卖店要开业的话至少需要二三十万元的产品，那么选择什么样的产品比较合适呢？首先要考虑门店周围的环境，如果这家店开在高端小区的附近，那么产品就得选择一些高端的产品，就算是价格比较低的产品，也应该选择精致一些的。如果开在一条人流量很大的商业街，那么就应该选择单价相对低一些、包装简单的产品，因为商业街冲动型购物的消费者会比较多，单价太高会很难销售出去。其次要考虑周边居民的消费习惯，在选择产品的时候就要倾向居民的消费习惯。

陈列要体现重点。专卖店不同的位置给消费者的感觉是不一样的。门店的管理者要充分考虑消费者的视觉习惯，把重点产品放在重点位置（重点位置一般是在进门正对的位置、在外面可以直接看到的位置、消费者离货架一米时，视平线上下三十度左右的位置等），重点产品包括主销产品、主推产品、促销产品、新产品等。一定要根据货架位置的重要程度安排相应重要性的产品，另外，产品陈列应该多做调整，这样可以给客户一些新鲜感。笔者曾看到某些专卖店，几个月的产品陈列都是不变的，这很难持续吸引消费者，这样的门店销售可想而知。如果经常变换产品陈列的方法，就算产品没有调整，对消费者来说也会有新鲜感，这样会提高吸引力。

门店繁荣离不开宣传。从专卖店开业起，就应该有宣传。笔者曾经做过一些研究，一家茶叶专卖店，在做好装修、货品到位开始试营业时，每天的销售额只有几百元，生意可以说惨淡。后来做了一次开业酬宾活动，该活动就只是做了一些简单的宣传工作，包括门店海报、DM 单派发、短信群发等。通过开业酬宾活动，每天的销售额有了明显的变化，每天可以达到数千元了。所以门店宣传工作很重要，不仅在开业的时候要做，平时也要做。

店员的培训考核。对店员要建立全面的培训机制，而且要定期培训。不管把门店展示得多好，与消费者直接沟通交流的都是店员，他们带给消费者的感觉是最为重要的。在这方面天福茗茶就做得不错，虽然天福茗茶的门店有一千多家，但是对店员的培训工作做得非常到位。他们有新员工培训、定期区域集中培训，还有店长实时工作指导。培训之后，考核也要跟上，要让店员的技能、服务水平与他们的收入相关，这样他们才会认真学习并且给消费者带来周到而舒心的服务。

强化会员关系。茶叶门店业绩提升的一个关键是看它们积累了多少老客户。我们知道传统茶叶销售在短时间起量是比较难的，需要一个相对较长的时间去运作市场，也就是花时间去增加客户量。当与客户建立了良好的关系，客户愿意长期在这里购买茶叶的时候，客户关系也就做到位了。专卖店可以通过以下几个与客户接触的关键点来搞好客户关系：

第一，第一次接触。第一次接触的核心是让客户感到舒服、专业、可信任，这需要门店的店员有很强的专业知识，有良好的服务意识。同时，辅以企业和产品的卖点，就可以较快的让客户产生信任。第一次是否购买产品并不特别重要，让客户感觉到舒服、信任才是最重要的。

第二，在购买产品的时候一定要从消费者的角度出发，为客户推荐产品，不能哪个产品比较贵就推荐哪个。要让消费者觉得我们在帮他省钱，或者为他提供了更多的服务。

第三，交易后，一定要有跟进维护。维护的方式有打电话、发短信、微信等，通过不间断但不密集的联系与客户保持沟通，这可以强化客户的印象，从而形成非常稳固的客户关系。

三、系统保障模式成功

模式的成功离不开系统的支持。茶叶专卖店营销模式也需要多个系统的支持才能成功。从专卖店模式来看，必须有四大系统，才能确保把专卖店模式的风险降到最低。

第一，门店开设系统。专卖店模式首先要有一套门店开设系统。这是专卖店模式的基础，有了单个门店才有整个模式。门店开设系统要解决门店的选址、营业前的筹备、开业阶段的推广和促销问题。门店选址是核心中的核心，选在哪里必须符合产品定位。如果是像天福茗茶一样的茶叶百货，那么就一定要选择人流量比较大的商业区；如果定位比较高端，就应该选择一些比较高档的住宅小区附近，或者是机关单位等办公场所比较集中的区域。全面考核门店选址的关键要素有门店位置、辐射区域、周围商铺、未来发展、门店面积和门店租金等。不同的企业应该根据自己的实际情况设定各个指标的权重，这样会更适合企业自身的发展需求。

第二，进销存系统。企业做大了，怕不能及时获得市场数据、对信息不敏感，反应迟钝。专卖店的数量多了，产品的生产和销售就存在一个时间差，如何能更好地了解市场需求，同时根据市场需求进行相应的营销活动就变得很重要。特别是进入大数据时代，数据分析越来越重要。茶叶行业可以参考服装行业，建立一个统一的进销存系统，每家门店都是一个系统的终端，企业可以随时了解每一家门店的销售和库存情况，便于整体安排营销活动。例如有时候某家门店的某个产品滞销，但是在别的门店销售不错，那么可以及进调货，让产品更好的流转起来；也可以根据销售数据安排生产相应的产品，资金的利用率会更高。

第三，店员培训系统。渠道是与消费者直接沟通的地方，人自然非常重要，但是人的行为很难标准化，所以需要建立一个店员的标准化培训系统。这个系统从店员入职开始就培训企业文化、品牌发展、产品知识、服务礼仪、门店管理技能、客户沟通能力等方面的知识。在入职后还要根据需要定期组织培训学习，这样才能比较好的保障服务的标准化。店员的服务水平是体现品牌特点极其重要的因素，我们看做得比较好的品牌，无一不是非常重视店员培训的，他们的服务让消费者感到非常舒服，很多客户因为服务周到而成为忠实客户。

第四，门店督导系统。不管是培训还是进销存系统，管理学上有一个观点是“没有检查就没有执行”。系统再强大也要执行才能产生效果，保证系统执行的关键就是建立一个门店督导系统。定期进行区域市场督导，检查政策的执行情况，对区域的违规情况提出处理意见，协助制订区域营销方案，检查渠道合作商及区域销售人员的工作开展情况。用检查促使政策得到贯彻执行，以便企业获得更好的发展。

【第4章】

产品是一切的前提

第一节　质量压倒一切

一、安全性是首要问题

国家对食品安全要求越来越严格。近年来，食品安全问题频出。国家对各种食品的检查也越来越严格，以前对茶叶基本没进行过检查，近年来也有了多次抽查，而且很多知名品牌上榜。茶叶产品存在农药残留或者重金属超标的情况，让很多人对茶也开始有所担心了。

食品安全与生活水平有直接的关系。其实产品有问题也未必是现在才出现的，只是因为以前人们的生活水平还没有达到这个程度，更多还是在解决自己的温饱问题。在温饱为首要问题的前提下，质量问题的重要性就没那么大了。但是现在中国已成为世界第二大经济体，温饱问题也基本得到解决，中产阶级的数量越来越大，人们对质量的要求也就越来越高。

茶叶产品安全主要出现在以下三个环节：

一是在种植茶叶时使用了农药。一般来说，农药残留的问题是存在的，主要是在种植过程中没有按规范操作，特别是一些个人茶叶种植户，使用农药的情况比较多。

二是因来整体环境被污染，土壤中的重金属含量超标。重金属超标的情况主要发生在一些经济发展相对比较快的地方，工业废水排放，影响到土壤，使茶叶的重金属含量超标。

三是产品在加工过程中的卫生条件不达标，造成二次污染。一般黑茶、砖茶在加工过程被污染的概率大，这些产品的生产卫生条件相对较差一些。

茶叶产品安全问题越来越重要。随着人们对食品安全越来越重视，茶叶也将成为一个重点抽检的领域，以前小作坊式的生产企业将很难生存下来。随便包装，没有经过质检，没有品牌的产品销售状况也将得到监管机构的控制。而消费者对茶叶产品安全性的重视程度也会进入一个新的高度，因为喝茶本来是为健康养生的，现在反而不能养生了。更香茶叶其实不是一个很知名的品牌，但是由于老板对茶叶质量的高度重视，重点发展有机茶，从而在市场竞争过程中逐渐得到认可，现在可以算是有机茶的第一品牌了。所以企业必须要重视产品的安全问题，谁做得好，谁做能得到市场的认可。

二、保持口味长期稳定

茶叶产品的质量难以保持。茶叶品牌在实际操作过程中，口味变化有可能是因为自然原因，也有可能是因为工艺原因。自然原因我们没有办法改变的，但是工艺原因可以控制。一般来说，工艺越多的茶叶，控制口感的一致性越难。相对来说绿茶会比较容易控制些，而红茶、青茶等需要更多加工工序的会比较难一些。

保持口感有助于培育客户群体。所有的农产品都会受自然因素的影响，但是如果受自然因素的影响太大，茶叶的口感一直不稳定，那么对于企业培养长期忠实的客户是非常不利的。虽然导致口感变化有很多因素，但是应该尽可能把变化控制到最小，尽最大的可能保持茶叶口感的一致，这样消费者才会保持忠诚度。

一般来说，茶叶的口感可以从三方面来控制：

第一，在茶叶种植方面，要建立一个科学的茶叶种植系统。把旱、涝、阳光、肥料、采摘等各种因素提前考虑，使茶叶能按预想的方式成长，这样茶叶质量就会比较稳定。有些企业只收原料，并不是自己去建茶园，因而它们的质量不稳定也是非常正常的。

第二，在茶叶加工方面，每家企业都应该有自己的一套标准，应该尽量减少由个人因素造成的质量不稳定。我们知道，茶叶质量的好坏很大程度上要看加工过程是否理想。如果茶叶在加工过程中，并没有根据生产流程及生产标准进行，那么茶叶的质量将很难保持一致。所以茶叶企业一定要有一个非常细致的产品生产标准，要确保生产工艺的统一。

第三，茶叶的拼配，拼配茶叶更容易保持口感。有句话叫“酒靠勾兑、茶靠拼配”，中国的名酒为什么可以一直保持不变的口感，靠的就是勾兑。而茶要保持一致的口感依靠的是多种茶的拼配，这样就能保持口感基本不变，这样，客户的忠诚度也就高了。

第二节　贵的不如对的

一、天价茶有未来吗

茶叶本来是人们日常生活中常用的一种产品，但是近年来，茶叶貌似离人们日常生活越来越远了。500 克的西湖龙井头茶就卖出了 18 万元的天价；用熊猫粪便种植的熊猫茶定价为每斤 21.9865 万元，极品每 50 克 21860 元；五云的“大器Ⅰ”每 100 克的售价高达 2.68 万元，折合每斤售价为 13.4 万元……除了这些天价的茶以外，在专卖店里看到的茶叶，包装精美，价格也与包装的精致程度成正比，专卖店里占货柜位置最多的一定是包装精美的、价格折算下来几千元一斤的茶。

这些现象说明了企业的运营思维在改变，企业不断推出天价茶、高价茶的原因在于以下两个方面：

首先，天价茶能吸引消费者眼球，为企业带来一定的广告效应。每次企业推出天价茶的时候，各媒体都会进行大量的宣传。虽然很多媒体都在评论这种天价茶是否合适，但是客观上也起到了宣传天价茶、宣传企业品牌的作用，所以茶叶企业才会一再使用这种招数，觉得这种免费资源不用白不用。但是对于企业来说，这种资源是否为自己带来良好且长久的品牌形象，就不好说了。天价茶虽然让更多人知道了品牌，但是这种价格定位也把大多数消费者拒之门外，他们会认为这个品牌的产品与自己的生活距离太远，从而不会购买。这样企业的客户群体就非常有限了，当大家都挤到这一个很小的空间时候，竞争反而会更激烈，这对企业的发展未必是一件好事。

其次，天价茶和高价茶能满足目前一部分公款或者奢侈消费人群的需求。“买的人不喝，喝的人不买”，这是目前多数天价茶和高价茶的现状。中国经济发展起来了，GDP也超过日本成为世界第二，中国奢侈品的消费也已超过日本成为世界第二。这种奢侈的风气自然也影响了中国茶叶市场。更何况高价茶虽然价格贵，但是对于一家单位来说，采购的数量和金额相对来说还是比较低的，所以在公款消费中更容易被接受。

其实，天价茶、高价茶与普通茶并没有太大的差别。虽然有些天价茶的确非常稀缺，但是多数天价茶、高价茶其实还是一种炒作，是博眼球的行为，茶叶口感与普通价位的茶叶并不会有明显的区别。也就是说这种高价多数是没有一定基础的，我们可以称之为天价茶的空心化。

天价茶是没有未来的。随着八条禁令的出台，各地政府机关全面推行节俭之风。传统的高价酒茅台、五粮液、剑南春也迅速进入跌价的行列，而主打高档餐饮的上市公司湘鄂情也出现亏损，茶叶受到的影响虽然相对滞后（主要是因为高档茶品的消费者群体小），但是，高端市场萎缩是可以预见的。

中国天价茶和高价茶本身没有什么文化内涵，几乎所有的企业都在用投机的心态做天价茶。在这种政治、经济环境下，天价茶一定是没有未来的。

二、满足消费者需求

企业成功的核心是满足消费者的需求，这句话说起来容易，做起来却没那么简单，要想真正满足消费者的需求，需要弄明白以下三个问题：

第一，谁是我们的消费者。企业在选择消费者的时候，要清楚自己的定位，把所有的消费者都包括在内，是不现实的。一般来说，什么都想要的时候，就什么都得不到。企业想要做大规模，发展壮大，就必须选择群体数量最大的目标消费者。茶叶的目标客户数量最大的自然是自饮客户、家庭客户。

第二，这些消费者在哪里。在哪里可以找到消费者，这其实是一个销售渠道的问题。消费者在哪里，解决的是消费者购买产品便利性的问题。作为企业来说，应该尽可能降低客户购买产品时的成本。这个成本不仅是金钱，也包括时间成本和选择成本。我们要明白为什么在大型超市已经遍地开花、价格便宜的时候，小便利店虽然价格贵，但依然可以活得很滋润，因为小便利店虽然价格贵，但是降低了消费者的时间成本和选择成本。

茶叶企业也是一样，现在很多茶叶企业把专卖店开在繁华的商业街，人流量是比较大，但是租金成本非常高，而这种商业街的人流量转化购买率的比例并不高，综合分析未必是一件划算的事情。而有些品牌选择了一些与自己定位比较相符的小区，门店的人流量虽不是很大，但是却有很多目标客户和潜在客户，客户转化率比较高，门店的销售额也不错。

第三，消费者都关心什么。消费者关心什么直接决定了他们是否购买产品。低端客户关心的是价格，数量最大的消费者他们关心的是性价比，而高端客户关心的是产品质量、包装、品牌和服务。现在多数茶叶企业在产品性价比方面做得不太好，几乎所有的消费者第一感觉就是茶叶比较贵。这个比较贵倒不一定是绝对的价格贵，而是相对的贵，主要是因为他们觉得茶叶是暴利。本来只值两百元的茶叶经过包装后就卖到了七八百元，甚至一千多元，消费者有上当受骗的感觉。知名品牌相对来说会好些，一些小的茶叶品牌，滥竽充数、掺假造假，欺骗消费者。这种短视的行为只能透支品牌的信誉，无法长久。必须让自己从消费者的角度去思考，亲身体会，才能为消费者带来价值。

有些人说，我们可以创造消费者需求，当然，这个说法没有错，但是，并不全对。因为**创造需求应该是在满足需求的前提下创造的**。苹果iPad创造了平板电脑的需求，这是建立在个人电脑需求已经得到充分满足的前提下。茶叶自然也可以创造需求，但是这也得建立在现有的需求基础上。金骏眉的走红并非是创造了新的需求，而只是在那个时期消费者的红茶需求并未得到满足，只是因为这个产品需求被激发出来了而已。目前茶叶市场还远未达到消费者需求得到很好满足的时机，所以企业也别轻言创造需求，要知道，很多想创造需求的公司都已在历史的长河中消失了。

第三节　产品组合奥秘

一、单一品类产品组合

茶叶的单一品类是指企业只经营某一茶类的产品，而单一品类的企业又以普洱茶、黑茶居多，还有一些做绿茶、花茶、红茶的企业，但这些比例相对较小。企业做单一品类的产品会有很多好处，如产品的生产方便、相关人员的培训简单、消费者对品牌认知会更清晰。对于企业而言，不管做多少种产品，核心都是销售额和销售利润。**虽然单一品类便于消费者更好地认知，企业的宣传重点也更容易突出，但是单一品类的先天不足只能满足很少一部分的消费者，从这个角度来看，市场容量就小了。**而以目前茶叶企业主流的销售模式专卖店来看，单一品类的产品在吸引消费者方面存在很大的不足，因为中国茶叶品类太多了，单一品种茶类专卖店的客流量还是比较低。

要弥补这个先天不足，企业应该对市场进行深度细分，产品做到“三多”。

一是产品系列多。单一品类茶叶企业为了吸引更多的消费者，应该研发更多的产品系列，这些产品系列都是基于同一个产品品类的。丰富的产品系列能刺激消费者更多的消费，而且还可以让一些边缘消费者有更多的机会去尝试企业的产品，如湖南省怡清源茶业有限公司研发的黑玫瑰就是这种产品系列。茶叶本来是一个以男性为主的消费品，而传统的黑茶更是以男性为主要消费人群。湖南省怡清源茶业有限公司巧妙地利用黑茶有调理肠胃、降血脂的功效，同时加入玫瑰和芦荟，并使产品饮用方便，这样研发了一款女性专用茶，使在传统茶叶市场中边缘化的女性成了主要消费者。而成都的花秋茶业有限公司把传统意义上的花茶进行了改良，研制出更多的产品系列。传统的花茶只是茉莉花茶，口味相对来说比较单一，花秋茶业有限公司把花茶这个单一的品类进行了创新改良，研发出了玫瑰花茶、桂花茶、腊梅茶、兰花茶等多个产品系列，这样就把原本狭小的市场越做越大了。

二是产品档次多。不管是哪种品类的消费者都会有高、中、低档的分别。因为企业已经选择了一个单一品类，市场已经非常聚焦了，不应该再次细分，而应该把高、中、低不同消费能力的客户一网打尽，尽可能满足有需求的客户。可以有低端客户需要的价格实惠的产品，可以有中端客户需要的几百元的产品，也可以有高端客户需要的几千元的产品。当然，每家企业的定价未必都按这个标准，但是高、中、低端客户全面满足的原则是要保持的。

三是产品包装多。产品包装多主要体现在两个方面：一是不同风格的包装，这种包装目的主要是满足消费者不同的审美观念；二是不同大小的包装，这种包装的目的主要是满足消费者在使用过程中的便利性。例如大益茶业集团（简称大益茶业）的袋泡茶，其实就是为了满足消费者饮茶的便利性需求。

需要注意的是单一品类茶叶企业做加法也并不是一味地贪多，也要考虑企业的资源配置、资金实力、研发能力、产品的收益率等，对产品有科学的规划，这样成功的机会才会更大。

二、多品类产品组合

多品类企业分为两类：第一类是原本就是多品类的企业，第二类是从单一品类转向多品类的企业。第一类企业本身就已经有很多个产品种类，不存在产品太少的问题，而第二类企业处于少品类向多品类过渡的阶段，他们面临的问题各不相同。

多品类产品企业要解决单品销售额的问题。多品类企业原本就是做多品类产品的，他们的问题主要是产品太多，企业烦恼的是如何提高单品的销售额。这类企业典型的有天福茗茶，能叫得上名字的茶在天福茗茶那里基本都可以买到。根据2012年天福茗茶中期报告数据显示，天福茗茶的茶百货商店模式数据如图4－1所示：

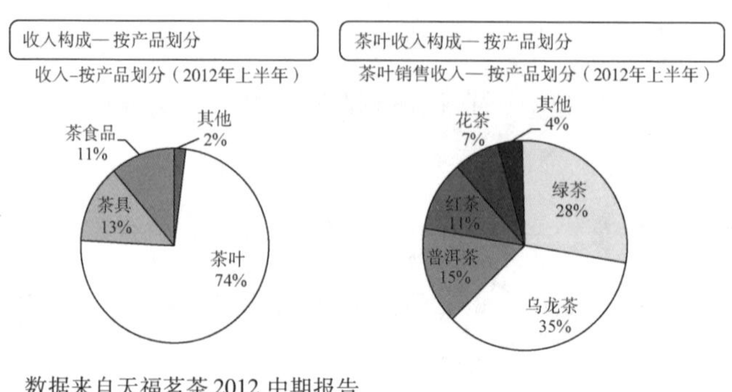

图4－1　天福茗茶的茶百货商店模式

天福茗茶是一个相对比较成熟的茶叶企业，它的各产品销售额所占比例和中国整体的茶叶市场比例比较接近，但又不完全一致。从图中可以看出在天福茗茶的产品中，绿茶的销售额所占比例小于乌龙茶，而就中国市场整体来说，绿茶的市场容量目前还是最大的。出现这种现象的原因首先是天福茗茶源于台湾，起家于福建，对乌龙茶比较了解，而且也有很好的资源；其次是绿茶虽然目前所占市场比例较大，但是大量产品还是处于低端，所以天福茗茶的这种产品销售比例是有一定道理的。

从天福茗茶的案例，我们也可以看出，天福茗茶以乌龙茶、绿茶、普洱茶、红茶为主要品类。而它的选址也决定了它的产品品类一定要多样化，天福茗茶基本上都在商业街，人流量比较大的地方。门店的定位也是茶百货店，所以产品品类要尽可能地多。但是我们看到在这种思路下，很多产品面临着销售量少、销售额低的情况，这种情况也会影响茶叶的原料采购和包装采购，同时增加物流成本。所以对于天福茗茶这类茶叶企业来说，削减产品品类，提升单品的销售量是解决问题的好办法。

从单一品类升级为多品类的茶叶企业要先做减法。从单一品类转变为多品类的企业往往是因为单店销售额不高，希望增加产品品类，提高单店销售额，所以新研发了很多种产品。这种情况面临的问题是，原来的单一品类在消费者心中已形成一定的思维定式，如果增加新的品类，消费者的认同感相对较差。如八马茶业与竹叶青茶业的合作，双方都互相借用对方的门店资源，利于互补的产品品类进行销售，但是实际效果并不理想。

对于这类茶叶企业，同样也要做减法，不要期望一次性就可以生产很多产品。产品短时间的丰富对企业并不是一件好的事情，因为一方面消费者需要一个适应过程，需要一个过渡，先推重点产品优于全面推进；另一方面企业内部员工对于短时间内出现大量新品并不能很好地适应，他们很难及时学习产品知识和改变销售习惯，这需要一个过程。

总之，多品类的茶叶企业应该有重点、有步骤的逐步推进，不贪多求快，一步一个脚印，稳定的发展。

第四节　感观决定销量

一、包装的吸引力

茶叶销售的过程无外乎是“看—品—买”，**看是消费者接收产品信息的第一个步骤**，我们都知道人的第一印象是非常重要的，产品也一样，如果消费者对产品的第一印象不好，那么也就没有后面两步，就算有后续，也得花大力气去改变消费者的第一印象。

我们来分析一下消费者的第一感观反应，他们首先接触到的是产品的包装，因此**产品能否给消费者一个好印象，包装的作用至关重要**。而从消费者接触包装的先后次序来说，又可分为包装的设计风格、包装使用的方便性和包装的可利用性。

包装的设计风格。包装的设计分为两种：一种是多数企业正在使用的公模包装，这种包装模具都是通用的，因而包装上的图案就非常重要了。现在很多茶叶企业在做包装的时候，只是让印刷厂在公模包装的基础上简单设计一下，所以包装的图案也大同小异，消费者看到产品的时候也就很难有特别的感觉。企业应该好好利用包装来吸引消费者，如果企业有一定的实力，那么可以请专业的设计师来设计整个包装，包括图案和包装形式。

例如，八马茶业2011年请靳与刘设计有限公司设计的观想系列包装，设计图案像一片茶叶落在水面上激起的涟漪，在瓷器上永久的保存，让人产生无限的遐想，这种包装让人有眼前一亮的感觉。如果企业还没有这种实力，可以不设计这样的专版包装，应该在包装图案上下点功夫，这样也能起到一些作用。如果不能在包装上与众不同，那就让图案与众不同一些。

包装使用方便性。除了包装风格，包装使用的方便性也很重要。很多企业都没有考虑到这方面，这个问题集中体现在两个方面：一是奢华的包装，企业只考虑包装的奢华程度，而忽略了包装使用的方便性。消费者在使用茶叶时不方便，拿出茶叶或者放入茶叶都会重复好几道没有必要的程序。二是低端茶叶在包装的时候考虑到成本，往往也忽略了消费者使用的方便性。例如很多企业的低端绿茶或者红茶，都是用塑料袋装或者纸袋装，但是这种包装往往因为物流或者消费者放置的原因而产生挤压，造成茶叶的断裂和破碎，而解决这个问题只需要企业把袋改为盒就行了，消费者使用起来也会便利很多。

包装的可利用性。每年到中秋的时候，各大媒体都会关注中秋月饼的包装问题，认为月饼的包装非常浪费。其实茶叶也一样，特别是一些比较高档的茶叶，包装盒一层又一层。一般来说，一个比较高档的茶叶包装盒，至少几十到几百元的费用，而消费者购买或者送人后，这些包装盒基本都没有太大的用处，最多是里面的陶瓷瓶可以用来装装茶叶，因而产生了很多的垃圾。我们可以换个思路，对于这些相对比较高端的茶叶，包装当然不能太差，但是我们可以把这些包装变为可利用的资源。例如，茶叶用完后，包装就是一个很好的艺术装饰品。像日照绿茶就可以用日照黑陶来做包装，而黑陶就是一个很好的艺术装饰品。这样不仅在购买的时候容易引起消费者注意，而且在茶叶喝完后，这个包装还可以继续发挥品牌宣传的作用。

二、产品定价策略

如果说消费者感观关注的第一个重点是包装，那么价格就是消费者感观关注的第二个重点。

现在有很多定价的方法，如成本定价法、市场撇脂定价法、竞争定价法等，这些定价方法企业都可以学习和借鉴，但却未必完全合适，因此在这里笔者介绍几种在茶叶产品中使用的定价方法。

跟随定价法。跟随定价法就是将比较成熟的某类茶叶产品，采用跟随主流品牌产品价格的方式进行定价，通常这种定价都会低于被跟随者的产品价格。这种定价适用于产品相似度比较高的产品，消费者已经较好地接受了这种产品，且这类产品的竞争还没有达到很激烈的程度。

分拆定价法。这种定价的方法是将价格比较高的产品容量分拆，使产品的单价显得低一些，消费者更容易接受。例如某四川企业有一款主打茶叶，折算下来零售价每斤应该是一千多元，但是包装分拆为 120 克后，每盒的价格不到 300 元，这样消费者易于接受。

折扣定价法。这种定价方法主要是从长期促销的角度去确定的一种价格方法，这种方法从设定开始就是为了折扣或者为其他的促销方式而确定的。这种定价方法在服装和鞋类用得比较多，企业在这种产品的心理零售价是定价的八折左右。茶叶产品也可以借鉴这种方法，虽然说一种产品最好保持价格不变，这样有助于打造长期的品牌形象，但是企业其实也可以将促销作为一个战略的选择，不管是折扣还是买赠等促销形式，在设定价格的时候要把这些都考虑在内。在市场竞争中，折扣定价法也是一种有效的定价方法。

对比定价法。对比定价是与竞争产品相对应的一种定价策略，这种策略有两个方向：第一是显著高于对手，第二是显著低于对手。如果说企业有一款产品比较不错，那么走一个低价的区间抢夺市场，通常机会会比较大。现在市场上的茶叶产品走高价、高利润的比较多，如果找准产品的机会点，用对比定价的方式切入市场将会很容易。一般来说，低于对手价格的市场操作会更容易些，高于对手价格相对来就难度更大，成功也会更困难。对此定价方法主要用在一些竞争对手相对比较低端的产品上，通过定价的不同，确定产品的定位。

【第5章】

从品牌概念到消费者利益

第一节 品牌的核心是消费者的利益

一、茶叶品牌常见误区

中国的食品行业早就进入了品牌时代，茶业也不例外，虽然进入稍慢些，但是品牌发展非常迅速，如果说中国有 7 万家茶叶企业的话，那么中国茶叶的品牌超过 7 万个。做品牌的企业都知道，做品牌就是为了有更好的产品溢价能力、有更好的消费者忠诚度。

在目前的阶段，茶叶企业对品牌还是有很多误解，对品牌认知并不是特别清晰，常见的误区有以下三种：

误区一：品类就是品牌。中国茶叶有多种品类，如铁观音、祁红、滇红、竹叶青等，因为茶叶的悠久历史，所以消费者对某一品类的认知很强，对品牌认知相对较弱，所以有一些企业认为把品类注册为公司名称或者品牌，就可以独占这一产品品类的市场，就可以取得很好的品牌效益。

事实并非如此，看现在已经注册了品类的一些品牌，不一定是这一品类消费者认知最强的。如安溪铁观音集团，虽然没有把铁观音注册为产品品牌，而是注册为公司名，公司所有的门店招牌都是安溪铁观音，企业在进行市场运作的时候，希望借用这个品类名称达到独占市场的目的。事实上铁观音做得最好的并不是安溪铁观音集团，而是八马茶业。与其类似的还有川红、英红等，都是把品类注册为公司名，希望独占这个品类的市场。其实中国市场很大，茶叶的品类也很多，消费者难以用这一类品类名称去认识某一品牌的茶叶。注册为品牌会有一定的优势，但是这个优势是否能带来实在的品牌利益，这就得看企业在品牌运营方面的能力了。做得好的，像八马茶业，不用占品类优势也一样可以成功，做得不好的，占据了优势也没有用处。

误区二：广告就是品牌。这是很多企业的一个品牌误区，茶叶企业也同样存在这样一个品牌误区。还是以安溪铁观音集团为例，前两年在中央电视台做了广告，但是并没有什么明显的销售效果，可能连品牌的知名度都未必有明显的提升。

笔者在服务一些企业的过程中，发现有些企业在做户外大牌广告的时候，就直接用了公司名称，他们都没有想过在公司名称还不是很响亮的时候，消费者根本不知道这家公司是做什么的。连是不是做茶叶的都不知道，拿一个公司名称去做广告有什么意义呢？而另一些企业的老板，只要有中字头的媒体找他，就一定会去做广告，一年下来钱没有少花，效果却没有多少。在品牌运营过程中，很多茶叶企业认为做了广告就有面子、就有品牌是不对的，广告和品牌完全是两回事。

误区三：包装就是品牌。在服务茶叶企业的过程中，笔者发现一般企业老板对产品的包装都极其重视，茶叶的包装极尽高档奢华，汝窑、锡罐、琉璃等各种高档材质层出不穷，有些包装的价格甚至超过茶叶的价值。企业老板如此重视包装的作用，也正是因为他们认为包装和品牌有直接的相关性，有些人甚至认为包装就是品牌非常重要的组成部分。包装当然是品牌的组成部分，但却不是最重要的部分，如果把包装的作用看得太大，那我们就会忽视品牌的内涵，包装再精美也很难为企业带来持续的产品销售。

二、品牌核心价值是消费者利益

要把品牌做大做强，首先要明白品牌的核心到底是什么。实际上品牌不是自己叫出来的，而是消费者认可的，消费者对于品牌的认知核心就是这个品牌能给他带来什么样的利益。

如果说海飞丝洗发水带给消费者的是去屑、可口可乐给消费者带来的是美国文化、王老吉凉茶带给消费者的是去火，那么我们以这个标准去衡量，现在市场上知名的茶叶品牌为消费者带来了什么，它的核心价值是什么？

我们来看天福茗茶，其实它的核心价值已经非常明确了，就是茶叶的百货商店，消费者只要想买茶，在这里就可以买到任何他想要的茶叶以及茶相关的产品，这是它可以给消费者带来的利益。但是其他的品牌却很少能做到真正让消费者感受到有价值，这个价值不是自己说出来的，而是消费者真正可以感受到的。大益茶的广告“好茶自有大益”这句话很好，但是从消费者的利益角度来说，却很难体现出来。喝每种茶都是有益的，大益茶给消费者带来了什么不一样的好处呢，其实没说清楚。大品牌况且如此，小品牌就更不用说了，它们基本上都是打礼品牌、茶文化牌、正宗牌，连广告语做得都没亮点，更谈不上什么消费者利益了。

品牌要想有核心价值，要有长远发展的机会，要有吸引消费者的能力就一定要让消费者感觉到有利。而要让消费者感觉到有利得通过以下三个方面来实现。

第一，要根据企业、产品的资源优势提炼出消费者利益点。并不是消费者要什么企业就可以给他们什么，茶叶企业在寻找品牌核心价值的时候首先必须分析自己的资源优势。如果说消费者有需要，但是企业不能满足或者没有优势，那么这个也不应该是品牌的核心价值。如果企业的资源优势在生产工艺，那么企业可以说自己的核心价值在口感；如果说企业的资源优势在茶园基地，那么核心价值可以说是性价比。总而言之，这个核心价值一定是企业拥有的核心资源，是不易被竞争对手模仿或者竞争对手没有使用的。

第二，消费者的利益要能让他们实际感知。品牌的核心价值一定是消费者可实际感知到的，品牌的核心价值光靠喊些空口号是没有意义的。以竹叶青茶业论道为例，“层层历练的大师级好茶”这是它希望传递的品牌价值，并且采用香港设计大师陈幼坚的包装设计作品，品牌价值从包装上就让消费者体会到了。因此竹叶青茶业在茶叶行业的品牌好是有道理的。

第三，消费者利益应该可以持续保持。品牌核心价值之所以是核心，一定是非常关键且持久的，将核心价值传递给消费者是可以持续的。品牌必须不断地让消费者感受到品牌带来的价值，这样才能在消费者心中积累起品牌影响力。某些茶叶品牌在传递品牌价值时，今天想推文化、明天想推口味，“三天打鱼两天晒网”，没有持续传递品牌价值，消费者对品牌的认知度也就很低。

三、定位就是消费者的心理感觉

定位之父艾·里斯说：“定位就是在顾客头脑中寻找一块空地，扎扎实实地占据下来，作为‘根据地’，不被别人抢占。”把这句话说得简单点，定位就是消费者内心对这个品牌的感觉，是消费者对品牌的一种潜意识的心理变化，是对品牌的一种主观认识和判断。我们可以换个角度从消费者心理变化来分析茶叶品牌的定位。一般来说，**消费者对品牌的了解要经历认识、认知、尝试、信赖、习惯五个阶段。品牌定位就是在这五个阶段中不断地强化品牌特点，使品牌意识深入到消费者潜意识中去，这样的品牌定位才是成功的。**

品牌认识阶段。在这个阶段，品牌定位要第一次呈现给消费者，让他们感觉到品牌的与众不同。这个阶段要让他们对品牌感兴趣，例如碧生源减肥茶的定位非常清晰，消费者很容易就记住了这个品牌。传统茶叶也有类似的功效，只是没有人这样直接说罢了。笔者在很多场合看到女士选择喝普洱茶，她们本身并不是茶叶的爱好者，为什么喝普洱茶呢？问过之后才知道原来普洱茶去油，也有一定的减肥功效。如果把普洱茶的某一品牌专做成天然减肥茶，无任何药物添加成分，那么消费者一定可以很快记住这个品牌。消费者在接触到品牌的第一个阶段就一定要有一个明确而又与众不同的记忆点，同时这个点是可以与后面的环节进行衔接的。

品牌认知阶段。这个阶段，消费者对品牌已经知晓了，他们需要了解更多的品牌信息。这个阶段主要是通过品牌的宣传文案、人员介绍、媒体传播、口碑宣传等手段强化品牌定位。作为茶叶品牌，如果定位是有历史的茶，在这个阶段企业就得向消费者介绍为什么是有历史的茶。例如正山堂金骏眉的广告语是“传承红茶四百年”，它的定位就是“正山小种四百年传承金骏眉创始人”，它给消费者的第一印象是有历史的茶，所以在认知阶段，正山堂告诉消费者它“来自正山小种产区桐木关，工艺为正山小种 400 余年积淀与创新”，因而这是一款有历史文化的茶。

品牌尝试阶段。这个阶段是要让消费者尝试饮用产品。尝试饮用有两种方式：一种是消费者试喝，另一种是让消费者尝试购买。不管是哪种，品牌定位都得贯穿到这个环节中去。还以正山堂的金骏眉为例，既然是传承了四百年的正山小种工艺，那么消费者在品尝的时候应该可以感受到正宗正山小种工艺的特点，茶叶既有传承，又有改良，传统的口味加上创新的味道会让消费者记忆深刻。

品牌信赖阶段。这种信赖是指消费者对品牌已经深入了解后，对品牌完全没有疑虑，可以很信任地购买这个品牌的产品。经过三个阶段后，品牌与消费者的关系应该进入到信赖阶段。在这个阶段，品牌的定位还需要对消费者继续强化，让他们对品牌的印象更为深刻。

品牌习惯阶段。经过消费者持续的购买和使用后，在品牌定位的不断强化下，消费者会对品牌形成一定的使用习惯，这种习惯是不自觉的、潜意识的。只有消费者有了品牌信赖并形成了消费习惯后，品牌定位才算是真正深入到了消费者内心，才算是一个成功的品牌定位。

四、用定位工具确定品牌定位

定位说起来很简单，但是做起来不容易。很多企业集中了大量的人力物力绞尽脑汁，也找不出一个很好的品牌定位。其实我们可以用品牌定位工具来帮助我们确定品牌定位（如图 5－1 所示）。

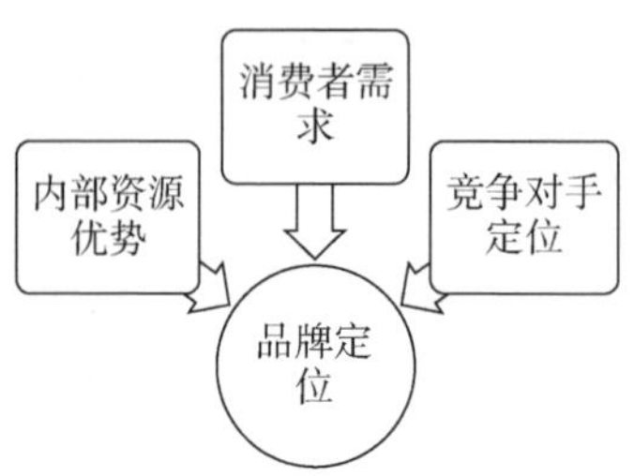

图 5－1　品牌定位工具

第一，内部资源优势。对企业的资源优势要进行全面而客观的分析，这种优势应该是显而易见的。企业的资源优势很好理解，在前面已谈过企业的关键优势是什么，企业只需要提炼出来，找到一个最为合适的优势就可以了。

例如有的企业有万亩茶园基地，或者有一个非常好的茶叶深加工工艺，有很强的茶叶衍生品的研究团队。渠道优势也属于企业的资源优势，目前除了天福茗茶、八马茶业、大益茶业，其他的企业都谈不上有渠道优势，就算是这三家企业也谈不上有多少团队优势。大益茶业的优势就在于是最大的普洱茶品牌，八马茶业的优势是最大的铁观音品牌，天福茗茶的优势是最大的渠道品牌，这些是他们的优势。所以在找自己品牌优势的时候，一定是有竞争力的，如果别人早就达到了，或者很容易就达到了，很难算是自己的核心优势。

第二，消费者需求。有需求才有定位。占据空白资源但不是消费者所需要的，那这个定位也是没有意义的，不管是什么样的定位，品牌在做定位的时候不能闭门造车，漫无目的的拍脑袋决策，要研究消费者的需求到底是什么，显性的需求有哪些，隐性的需求有哪些，哪些是可以引导的，哪些是可以创造的。

通常我们将消费者的需求大的方面分为自用和送礼，自用又可以分为日常解渴、招待、养身和茶叶发烧友。从消费者的年龄可以分为少年、青年、中年和老年；从性别可以分为男性和女性；从区域可以分为产茶区和非产茶区；从购买渠道可以分为线上购买和线下购买。细分后再仔细分析这类消费者的深层次的消费特点和需求，找到消费者的需求和企业优势的结合点，这样来确定品牌的定位才是有意义的。

第三，竞争对手定位。品牌定位一般来说都是要占据消费者的空白心

智资源。定位主要是研究消费者心智资源，如果竞争对手在我们之前已经有了一个明确的定位，我们再去做这个定位，通常来说意义不是太大。我们可以看到目前的茶叶品牌存在大量的定位相反或者相似的情况，所以我们很难想到某一品牌是什么样的定位。

我们通常看到的茶叶定位有以下几类：

一是将自己定位为有历史的茶，以凤牌滇红茶、正山堂金骏眉、黄山松等为代表；

二是定位为礼品茶，以八马铁观音、安徽谢裕大等为代表；

三是定位为区域或者品类之最，以国润祁红、日照碧波等为代表。

其实消费者分析，茶叶品牌有很多的定位可能，但是现在大量的品牌都集中在这三类，这也就意味着大多数品牌只是为他人作嫁衣，消费者在某一类的定位中只能记住前三名，而且这还是比较理想的状态。以目前的茶叶市场情况来看，消费者基本上只能记得第一名，其他的品牌价值很难体现出来。所以我们在规划品牌定位的时候，要尽可能地选择竞争对手没有用过的品牌定位，这样才会更容易被消费者记住，才能在消费者心中占有一席之地。

第二节　品牌传播是有效的消费者沟通

一、品牌要向消费者传播什么

做品牌一定离不开传播。但是对于品牌来说，到底要传播什么信息，这在传播之前就需要搞清楚。

品牌核心价值是传播的核心。不管品牌要传播什么内容，这个内容与消费者的相关性是关键，品牌核心价值就体现了品牌与消费者的相关性。虽然品牌核心价值要让消费者去体会和感受，但是这个体会和感受是需要一个比较长的过程的，对于品牌建设来说，更快地把品牌核心价值告知消费者，可以缩短消费者了解品牌的时间，也更容易让消费者体会到品牌价值。如八马茶业的品牌定位是“商政礼节茶”，八马茶业几乎在所有的传播场合都把“商政礼节茶”的这个定位传递给消费者。先不说这个定位的科学性和合理性，但至少在这种情况下，消费者对八马茶业的品牌认知一定会趋向于礼品茶。

品牌广告语是语言传播的重点。广告语是既能体现品牌的特点，又让消费者容易记忆和传播的一句话。王老吉的一句“怕上火，喝王老吉”为企业带来了一百多亿元的销售额。茶叶的广告语做得相对不错的有大益茶业的“茶有益，茶有大益”和竹叶青茶业的“平常心、竹叶青”，他们的广告语虽说容易记住，朗朗上口，但是品牌的特点却并没有明显表现出来，这也算是一个小小的遗憾吧。

山东有家茶叶企业的广告语是“山东好茶在日照，日照好茶属碧波”，这句话虽然有点俗，却也很好地体现了企业的定位和特点。日照茶的历史本来就比较短，只有几十年，但是因为是高纬度的茶园，茶叶的品质还是不错，在这个时候占据日照茶叶的领导地位还是非常有意义的，这句广告语一方面告诉了消费者这是好茶，另一方面也揭示了其在地方茶叶中的品牌领导地位。

品牌画面是视觉传播的重点。文字带给人们的感觉比不上画面，画面能强化消费者记忆，实际上茶叶品牌在这方面上都做得不算好。说到画面的时候，很少有人能想起来哪一个品牌的具体画面是什么样的。品牌对画面的应用不太好，很多都大同小异，我们印象中茶叶品牌的画面比较多的就是一大片茶园，不管是哪里的茶叶品牌，都是如此。有一些有代言人的，就只是用了代言人的画面，像八马茶业就是用许晴的画面。茶叶品牌如果好好利用一下画面的效果，在品牌宣传方面就可以起到事半功倍的效果了。

情境感受是情感传播的重点。相似主题的多个画面组合在一起，就可以营造一种情境感受，这是比画面更高级别的品牌营造方式。如果说核心价值是利益、广告语是语言、画面是记忆，则情境就是情感。情感能更好地让消费者接受和喜欢这个品牌，一些知名的品牌在广告宣传的时候很多都是应用情境营造。

以王老吉凉茶为例，它把适合喝凉茶的不同时间画面呈现出来，让消费者在经历这些场景的时候不由自主地选择了王老吉凉茶。当然，茶叶品牌的情境营造并不是一件很容易的事情，这需要对品牌有特别清晰的定位，品牌管理部门相当强大才可以做到。但是在做品牌的时候，一定要有这个概念，有了概念才可能在品牌管理的过程中做到。

二、品牌与消费者沟通的渠道

前面我们谈的是传播什么，这里我们谈的就是怎么传播了。传播的方式有很多种，在这里简单地进行分类，按类别进行说明。

电视、电台广告。电视、电台目前还是主流媒体，电台影响力虽然不如电视那么大，但是因为性质比较接近，所以把它们分为一类。电视、电台的特点是覆盖面广，受众比较多。**茶叶品牌在做品牌宣传的时候，选择什么样的电视、电台，要与自己的市场覆盖相适应，同时要考虑自己的实力，不要一味地贪大**。在中央电视台做广告看起来品牌好像是不错，但是实际做完后的效果只能是谁用谁知道。看现在上过中央电视台的一些茶叶品牌，凤山牌铁观音、竹叶青茶业、八马茶业、裕园等，还有几个品牌坚持在中央电视台投放广告的。在这类媒体上做广告的**媒体投放策略应该是首先满足自己目前品牌区域的需要，然后再满足较短时间市场开拓的需要，同时兼顾广告费用的效率**。茶叶品牌在品牌初期的时候并不适合选择这类媒体，因为这类媒体的覆盖面虽广，但是覆盖的效率却不是太好，这类媒体更适合已有一定知名度，但还需要提升的品牌。

刊物广告。杂志报纸类的广告我们统称为刊物广告，其实这种宣传渠道的核心在于明白刊物的目标读者是谁。笔者曾见到一家茶叶企业，只要是刊物媒体来找，基本上都会投一些广告，即使这些刊物是几乎没有人看的杂志，企业也照投不误。这种现象虽然不是普遍的，但是现在的茶叶品牌在选择投放媒体的作法不太科学却是客观存在的，大量的刊物广告集中在行业内的媒体上，传播的对象是业内人士，而非消费者。这种行为对品牌长远的发展并不是很有利，集中在行业内媒体，重点在于招商，这样的广告宣传更多的是自娱自乐的感觉，对于实际消费需求的拉动作用非常有限。所以在选择这类渠道的时候，更多的要考虑刊物目标对象是谁，与品牌的消费人群是否一致，这样才能获得一个比较好的结果。

新闻软宣传。新闻的重点在于真实、信任。在这方面茶叶企业做得不错，天价茶、苍井空代言、熊猫茶等吸引人眼球的新闻层出不穷，不断引领茶界新闻版。短期的炒作可以吸引消费者注意，但并不能为企业带来真正的销售。笔者曾经服务某茶叶集团的时候，一个门店不小心卖出了两个空的茶叶盒。本来这对公司的品牌来说是一个危机，在笔者的指点下，这家茶叶品牌第一时间在电视、报纸、微博、各销售专卖店上发布了寻人启事的广告，诚恳道歉，寻找相关人员，并提出相应的补偿方案。这个小小的广告很快就收到了不错的效果，很多媒体都发布新闻或者转载了这条新闻，品牌短时间内就取得了很好的软宣传效果，而且这些信息对品牌来说都是正面积极的。

网络广告。网络广告通常是通过搜索引擎优化、关键词排名，或者在一些流量比较大的网站上直接投放广告来吸引消费者。网络广告现在也不是一个便宜的传播渠道，茶叶品牌在投放广告的时候也得慎重考虑，同时网络广告和企业官方网站要有效结合。很多企业把自己的企业官方网站弄得很花哨，首页进入就是一大段的动画，其实这对推广来说并不是很有利。企业官方网站首页的动画不利于搜索引擎的抓取，在搜索结果显示中排名通常不能靠前，而首页的动画也不利于消费者的体验。企业在做关键词排名的时候，关键词的设定很重要，并不一定选择最贵的关键词就一定好。

社交网络及口碑传播。社交网络的兴起让茶叶品牌有了一个比较好的传播渠道。茶叶企业要注意的是不要把社交网络中的品牌传播变成了纯广告，纯广告是不利于品牌长远发展的。在社交网络及口碑传播中，企业更多的是需要与消费者沟通、交流，这样才能持久和有效。

三、整合营销传播的力量

整合营销传播是指在企业统一的战略指导下，整合多种营销活动进行品牌传播的行为。整合营销传播使企业的各种营销活动不再各自为政，而是形成合力，达到少投入、多产出的效果。茶叶行业的营销管理一直落后于其他消费品市场，对于整合营销传播的概念和方法了解的人也不是很多。企业传统的做法是事情分开来做，广告就是广告、促销就是促销、展会就是展会，这些工作之间没有关联，没有协同。

与其他消费品行业企业相比，茶叶行业的企业规模都比较小，实力比较弱，他们更需要提高资金使用的效率，而这些企业往往又不知道怎么整合营销传播。实际上茶叶企业的整合营销传播要解决以下三个问题。

第一，统一意识问题。这是茶叶企业首先要解决的问题。往往企业不会做、不能做整合营销传播的关键就在于没有统一的意识、没有统一的规划安排，各部门各职位只按自己的思路去做品牌传播工作，这样肯定很难形成合力。对于茶叶企业来说，整合营销传播必须是企业的主要负责人根据企业发展的需要统筹安排传播主题，各部门各岗位统一行事，这样才可能形成营销合力，否则就是各自为政。统一意识虽然非常虚，但也是实际效果的基础保证，没有统一的意识，就不可能存在整合营销传播。整合营销传播的核心在整合，如果各干各的，那就不存在整合的效果了。

第二，主次结构问题。整合营销传播是要整合多种营销手段，互相配合，互相协调，以达到最佳的效果。既然有配合，就一定有主次之分，如果所有的营销手段重要性都一样，那就是主次不分，活动容易相互冲突，资源也很难调配支持。

例如，前两年某一个新兴的茶叶品牌为了推广产品，举办了一个大型的推广活动，核心是中央民族乐团的音乐会。本来这应该是一个很好的品牌公关推广活动，是要把资源整合在一起做品牌传播的。但是因为之前出于整体费用方面的考虑，把宣传费用一再压缩，到最后出现的广告就只有不超过五个公交车站的站台广告和一个剧场平面广告，一个极好的品牌宣传机会，因为资源配备的问题使效果大打折扣。其实我们应该知道，一个好的公关活动，如果想要达到很好的宣传效果，宣传方面的费用通常不低于这个活动的费用。公关活动是重点，但是传播更是重中之重，如果没有传播，这样的公关活动对品牌来说就一点意义也没有。所以在做品牌推广的时候，一定要搞清楚主次，该花的钱一定要花，不该花的钱一定要省。

第三，活动协同问题。整合营销传播成功的另一个重点是工作的协同执行，因为整合营销传播通常都涉及很多部门、很多岗位，也有时间点要求，所以活动过程中的协同非常重要。我们知道蒙牛集团在“神六”上天成功后，几乎在一夜之间把所有的广告都给换了，这显示了蒙牛集团的协同性和惊人的执行力。同样，在加多宝集团失去王老吉品牌后，加多宝集团从产品包装、广告宣传、渠道布局和新闻报道全方位利用传播资源，协同作战，在几个月内使加多宝品牌从零开始再夺凉茶第一品牌。

第三节　茶叶企业的战略品牌管理

一、企业品牌与产品品牌的区别

茶叶企业很容易把企业品牌和产品品牌混为一谈，很多企业把品类注册为自己公司的名称，如竹叶青、铁观音、川红、宁红、滇红、英红等。这些企业把一些茶叶品类注册为公司名称后，就认为这个品类就是自己的品牌了，其实这个思路是有问题的。

产品品牌与企业品牌的共同点。产品品牌和企业品牌都是企业的无形资产，对消费者都会有一定的品牌认知作用，企业品牌可以为产品品牌做背书，企业品牌与产品品牌有一部分内涵是重叠的，同时企业品牌与产品品牌有比较密切的关系。

产品品牌和企业品牌的不同点。产品品牌和企业品牌也有很多不同点。首先，它们的数量不一样，企业品牌只有一个，而产品品牌可能会有多个，企业推出多个符合市场需求的产品品牌，而企业品牌只能是一个，如八马茶业就有八马、信记等品牌。其次，**企业品牌和产品品牌可以完全不一样，**如铁观音集团的凤山牌铁观音，川红茶叶集团的林湖品牌红茶，滇红的凤牌滇红。企业品牌和产品品牌的内涵不完全一样，产品品牌核心价值主要体现在消费者直接利益点，而企业品牌更多的是从社会、责任等方面进行诠释。

厘清企业品牌与产品品牌的关系。对茶叶企业来说，厘清企业品牌与产品品牌的关系是一个基础工作。企业品牌和产品品牌有以下三种不同的关系，对不同的品牌定位企业品牌运作思路也应该有所不同。

第一，企业品牌与产品品牌一致。在两个品牌一致的情况下，消费者认知高度统一，品牌宣传资源投入的有效性会提高，对于刚刚起步的企业来说，有很大的优势，不利的是品牌风险相对较大，因为企业品牌与产品品牌高度统一，它们将会一荣俱荣，一损俱损。如果产品在使用过程中出现一些问题，对企业品牌的影响也是巨大的。所以这种方式适合刚起步，又打算做长久品牌的茶叶企业，它们将非常关注自己的品牌声誉，小心呵护品牌形象。

第二，产品品牌、企业品牌主次分明。主次分明分为两类：一类是主推产品品牌，企业品牌为辅或者基本不推，这类企业的代表是加多宝时代的王老吉，那时只知有王老吉，不知道有加多宝。另一类是主推企业品牌，产品品牌为辅，这类企业以铁观音集团为典型，大多数人知道铁观音，但是知道凤山牌茶叶的人却非常少。究其原因是这些企业名称占据了一个品类资源，企业希望利用这个资源快速抢占市场。但是这种情况未必有利于企业的发展，首先消费者对企业的认知会产生模糊，虽然占有了一个品类资源，但是消费者很容易把这个企业名称看成一个产品品类，他们并不认为这是一个企业名称。其实这种情况下，茶叶企业选择主推产品品牌会更好，品牌起步可能会慢些，难度会大些，但是这是真正的独占，消费者不会有认知的歧义，反而消费者的忠诚度会更高。

第三，企业品牌为产品品牌背书。这种情况主要出现在一些已经做得不错的企业中，例如八马茶业进入普洱茶市场的信记，以及电子商务品牌

18 度，都是用八马的品牌知名度为这两个品牌做背书。虽然信记已有百年历史，但是重新开始也算是一个新的品牌。这种方式在一些小型，或者刚起步的茶叶企业中是没有办法使用的。

二、做产品品牌还是做渠道品牌

很多茶叶企业的老板都很纠结，纠结自己是只做一个品类的产品还是做多品类的产品，是以专卖店渠道为主还是以流通渠道为主。其实这种纠结主要是纠结自己到底是要产品品牌还是做渠道品牌，想清楚了这个问题，自然就不再纠结了。

产品品牌是品牌与某一类产品有直接的对应关系。从消费者角度来看，就是说到某一个品牌名称的时候，立马就会想到某种产品，例如说到竹叶青茶业，就知道是竹叶青茶业绿茶，说到大益茶业就知道是普洱茶，说到君山，就知道是君山黄茶，说到白沙溪，就知道是安化黑茶。

渠道品牌是品牌与某一种销售场所有直接对应关系，并不与某一类产品有直接对应关系。例如天福茗茶，我们很难对应到某种具体的茶，而首先想到的是天福茗茶的专卖店，所以天福茗茶是一个渠道品牌，而非产品品牌。

企业在这个问题上的纠结首先主要来自于战略规划和实际的经营压力。茶叶目前的主流销售方式还是专卖店模式，一些茶叶企业在做到一定规模的时候，想要快速发展却发现后续无力，没有产品支撑时，于是开始多品类发展，在多品类发展的过程中还是使用了之前的品牌，所以产品品牌的概念就逐渐模糊。其次是面临现实的经营压力，一家专卖店的租金、装修费、人工、水电等都是固定的，而一个品类的产品很难承担一家专卖店的经营压力，所以进行多品类的发展，品牌的定位也逐渐模糊了。

企业是选择渠道品牌还是产品品牌？实际上不管是做渠道品牌还是做产品品牌，都得先搞清楚自己的品牌定位到底是什么、品牌资产有哪些、品牌转换的利弊得失分别有哪些。**品牌定位是一个持之以恒的过程，品牌定位并非不可改变，但是也不可轻易改变。**娃哈哈从一个儿童饮料品牌变为食品品牌，经过了非常漫长的过程，也是一步一个脚印走过来的。而对于茶叶品牌，在消费者对这个品牌的认知还没有很清晰和准确的时候，定位就改变了，在这个过程中已经积累起来的部分品牌资产就在这个转换过程中给浪费了。而新品牌定位和价值又很难在短时间建立起来，这种行为对企业来说，真是有百害而无一利。其实不管是战略转型还是经营压力，企业不要转易改变品牌定位，坚持才能胜利，而经营的压力也可以采用多品牌的形式来解决。

三、茶叶企业如何建立合理的品牌结构

茶叶企业做品牌一定得先有品牌战略，品牌战略一定离不开品牌结构。**如果说品牌定位是我们对某一个品牌的战略考虑，那么品牌结构就是整个企业的战略布局。**战争讲究排兵布阵，商场如战场，品牌结构就像排兵布阵。现在的茶叶企业很少有提前考虑品牌结构的，不管是规模比较大的，上亿元规模的大公司，还是规模比较小的，年营业额只有几百万元的小企业，基本上都没有提前对品牌结构进行过合理的规划。

一般来说，做品牌结构的规划通常都是多品类的企业，茶叶企业目前单一品类的做品牌结构暂时不是特别有必要，他们只需要把自己的这一个品牌好好做下去就行了。因为单一品类需要聚焦，品牌要聚焦，资源也要

聚焦，同时消费者也会聚焦，这样有利于品牌的发展。当然，如果做单一品类茶叶的品牌只专注于某一类消费者，那么在拓展其他消费市场的时候就需要考虑品牌结构的问题了，但是这种情况目前还是很少见的。

品牌结构有很多种，但是笔者认为目前茶叶品牌比较常见的结构是单一品牌结构、多品牌结构和母子品牌结构三种。

单一品牌结构。企业所有的产品都用同一个品牌，我们称之为单一品牌结构。大益茶就是非常典型的单一品牌结构。**单一品牌结构有着非常明显的优势，品牌定位清晰、管理起来容易、资源使用效率高、消费者认知度高**。通常，实力比较弱的品牌用单一品牌结构会比较好，这样资源可以聚焦。而专注于某一品类茶叶的企业用单一品牌也比较好，这样消费者的认知度会更高些。笔者不建议只做某一品类茶叶的企业采用多品牌的运作方式，因为目前市场消费者对茶叶产品的认知还主要体现在茶叶品类上，还没有从品类发展到消费档次上，所以用单一品牌结构会更好地提高消费者认知度，对品牌的发展也有好处。

多品牌结构。多品牌结构就是企业根据产品的不同采用不同的品牌进行市场运作。八马茶业就是一个比较典型的多品牌结构，八马品牌主打铁观音，信记主打普洱茶，18度主攻电子商务的年轻人市场，三个品牌各有不同的定位和市场规划。总的来说，八马品牌的品牌结构在茶叶界做得比较好，但是也有不足之处。八马品牌除了铁观音以外，还有大红袍、绿茶、红茶、花茶等，虽然有这么多品类，但是消费者认可的与品牌相关联的也就是铁观音了。多品牌结构一般用在品类比较多的企业中，且这些产品品类有非常明显的区别，但是是否采用多品牌结构要看公司的实力，因为多品牌投入相对会比较大，而内部运营管理也会增加很多工作，如果茶叶企业还没有到达一定的规模，做多品牌需要慎重。

母子品牌结构。所谓母子品牌就是两个品牌，一个主一个副，互相配合补充的一种品牌结构形式。其实很多茶叶品牌都在用这个形式，还是以八马茶业为例，八马、赛珍珠就是一个母子品牌结构，八马是母品牌，赛珍珠是子品牌，八马代表的是铁观音和其他茶类，而赛珍珠就是一个高质量铁观音产品的品牌。做母子品牌通常是企业发展得比较好，进入了其他品类市场，或者是对某一品类茶叶的客户进行了细分，通常来说母品牌要有一定的品牌知名度，有较好的品牌资产，这样子品牌才可能借势，要不然也没有意义。

四、茶叶企业的品牌战略与企业发展

茶叶品牌化是大势所趋，从行业的市场发展来看，茶叶品牌化是大势所趋，不可逆转。十年前很少会有人去看茶叶的品牌，喝茶都是买散装的为主，而现在消费者买茶的时候看见没有包装的散茶大多会怀疑这个产品的质量。虽然现在很多消费者购买还处于看包装而不看品牌的阶段，但是品牌的影响力越来越大，不久的将来，没有品牌的包装会慢慢淡出市场。

前瞻性的品牌战略有利于提高资源投入效率。品牌建设是一个需要较大投入的工作，茶叶企业的品牌战略在未来的发展过程中有着非常重要的地位，品牌战略直接关系到企业的战略布局、产品规划、组织规划。企业做品牌的过程就像盖房子，刚开始的时候如果没有打好地基，大楼盖起来就会很危险。如果开始的时候多花点精力和资金，基础打好了，虽然起步的时候可能会慢一些，但是会更稳定，会有很好的后发优势。

品牌资产来自于长期坚持的品牌工作。2012 年可口可乐的品牌价值为 770 亿美元，王老吉的品牌价值为 1080 亿人民币，大益茶的品牌价值为 11

亿人民币。这些品牌资产都来自企业长期坚持对品牌的投入。短期的炒作也许能为企业带来一定的知名度，但带不来品牌美誉度，更带不来品牌忠诚度。而品牌资产最为核心的内容就是消费者的品牌忠诚度，品牌忠诚度需要企业在长期的工作中坚持实现品牌核心价值。**如果企业能在发展的初期就建立品牌长期发展的思维，坚持不断地对品牌进行合理的投入，不间断地强化消费者的品牌印象，那么品牌价值就能得到很好的体现。**

【第6章】
茶叶怎么做促销

第一节　选择促销的时机

一、促销的目的

销售离不开促销，促销一定会有目的，任何企业都不可能无缘无故地做促销。茶叶企业做促销通常会有以下五个目的。

第一，做品牌。很多做品牌的企业认为，要做一个有影响力的茶叶品牌，所以要稳定产品价格，不做促销，这样品牌定位就清晰了，品牌就容易被消费者接受了。其实这个观点是有问题的，为什么这么说呢？因为品牌是虚的，所以消费者对品牌的认知是通过一定的媒介来实现的。而对茶叶产品而言，最为主要的媒介一定是产品，如果产品都没有被消费者接受，企业的品牌定位还会有谁关心呢？产品卖不出去，又有谁关心？所以**品牌一定是建立在销售的基础之上的，做促销和做品牌一点也不矛盾，它们是可以相辅相成的。**

第二，出销量。对于一些产品来说，把销量做起来是非常有意义的，**一是销量增加，可以降低生产成本，二是可以有更多的主销产品。**大家都知道，茶叶行业不大，产品品类不少，如果再把每一品类的产品进行细分，那可真是能用无数这个词来形容。但是我们看这么多的茶叶品牌、茶叶产品，能有几个产品是属于高销量的产品。笔者曾经服务过的一家企业，规模不大，也就几千万元的规模，但是在做产品盘点的时候，发现产品有一百多种。销售额分配到每个产品，平均每个产品的销售额有多少就可想而知了。产品不在多，在于精。也许很多企业研发那么多新产品是在试错，但是试错也要有方法，没有消费者去尝试，错是试不出来的。

第三，清库存。前面谈到了很多企业产品太多的问题，这些并不符合市场需求的产品，企业不能把它们都销毁了，肯定还得把这些产品变为资金。这个时候**促销就是一个清理库存很好的手段了**。不过现在的茶叶界有一个非常奇怪的现象，就是宁愿把产品放仓库也不拿出来促销变现，缓解资金压力。实际上清库存对企业来说是非常有意义的，我们可以在一些销售情况并不是太好的门店做库存产品的促销，这样可以一举两得，在解决库存问题的同时解决门店销售低迷的问题。

第四，冲业绩。只要是做销售就会面临业绩的问题，而通常在月末、季末和年末这种业绩结算的节点，业绩就显得更为重要了。**很多时候在业绩目标完成得不是太好，或者是想挑战更高的业绩目标时，促销是一个很好的办法**。这种促销就是纯以短期冲量为目的，所以范围不能宽，时间不能长，产品不能多，一定要在一个合理的可控范围之内。

第五，维系老客户。这种促销基本上都是以会员卡优惠的形式体现的，它可以是一个长期的促销活动，只是这种促销力度相对较弱，对销售的促进作用相对不明显，但是**促销可以让老客户有更高的黏性**。企业不能忽视这种促销，因为茶叶行业忠实的消费者是非常重要的资源，而且新客户的开发成本是老客户维系成本的好几倍，基于这个目的做促销也是非常有必要的。

二、促销的时间

促销要有合适的时间节点，对茶叶产品来说，以下这些时间是比较适合做促销的。

第一，门店开业。开业是一个很好的促销时间。开业促销可以一举几得：首先可以借机会宣传门店的情况，让更多的人了解品牌和产品；其次可以通过促销让消费者有更多的机会尝试产品；最后可以用这个机会抢夺一些市场份额。当然，这个时间的促销多数企业都会去做，也会想办法把它做好。

第二，节庆促销。中国人讲究“礼尚往来”，逢年过节送礼的需求特别明显，不管是中国的传统节日，还是新创造出来的光棍节等纯商业性的节日，节庆促销都非常多。但是茶叶行业的促销相对来说比较少，节日的促销也不像其他行业那样有那么激烈的竞争。实际上茶叶企业也可以好好利用一下节庆的市场需求。以前笔者服务一些茶叶企业的时候看到他们在节庆都会应时的推出一些促销，例如打折之类的，但是这些做法对消费者都没有什么吸引力。企业需要做的是找到一个更合适的促销方式，可以改变消费者行为的促销方式。

第三，新品上市。很多做品牌的人会告诉企业新品上市的时候最好不要做促销，这样会影响产品的定位和利润率。其实不然，新品并非不可以做促销，关键做不做、能不能做还得看品牌和产品的具体情况。如果主要产品的消费者认可度很高了，新推出来一个相关的产品，那么这个就不太适合做促销，因为品牌自然会带动产品的销售。但是如果品牌新上了一个不相关产品，或者这个品牌知名度也不是那么高，这个时候做促销就非常有必要了。消费者要重新建立认知和信任，必须有一个尝试的机会，所有的产品都必须经历这样一个尝试的过程，促销可以提高尝试的概率，减少尝试的时间周期，对新品的销售是大有益处的。

第四，新茶上市。现在新茶上市的时候通常是不做促销的，特别是绿茶，在新茶上市的时候消费者都抢着要货。一般情况下没有人会想到在这个时候做促销，但是往往大家都不做的时候，有人做了就会取得更好的效果。但是这个时候也不是所有的茶叶企业都适合做促销，处于竞争比较关键位置的品牌可以做促销，这样可以很快地抢占领头羊的一部分市场份额。

三、促销的机会

前面所谈到的促销时间是指企业可以主动安排的促销时间，但是还有一些时间不由企业决定，但是也可以利用，所以称为促销的机会。这种机会稍众即逝，能不能敏锐地把握住，要看企业市场营销的反应能力和反应速度。

竞争需要。有时候做不做促销也得看竞争对手的情况。如果**竞争对手推出了一个效果很好的促销活动，那么我们就必须跟进，或者采用另一种促销方式以应对**。不久前发生的电商大战就是这样的一个案例，由京东商场发出了促销的信息，苏宁电器和国美商城就在第一时间跟进应对了，事件的最后虽然并没有让消费者有那么多的实惠，但是却让几个参战的品牌有了很明显的业绩增长。当然，茶叶行业现在这类事件还比较少，那也是因为暂时大家的市场都不大，还没有到抢市场的时候，如果到了必须抢市场的时候，这种做法就非常有效了。商业竞争就像逆水行舟，不进则退。

重大事件。如果说竞争是完全被动，而重大事件则是让我们可以有一些相对的营销主动权。所谓的重大事件是指对社会、对行业有重大影响的事件。这个可能是自然灾害，例如雅安的地震，可能是重大活动，如上海世界博览会，也可能是国家的某些政策法规，如八条禁令等。这些重大事件的出现，能否有一些市场机会，这个需要仔细辨认。

例如雅安地震，这就是茶叶企业可以利用的一个机会，雅安是传统产茶区，有蒙顶甘露和蒙顶黄芽等传统名茶，也有不少藏茶叶企业。这时可以用一个向雅安捐款的名义，做一些产品促销。这种方式农夫山泉用过，“买一瓶水向希望工程捐款一分钱”，效果非常不错。只是这个活动举办了，该捐的款一定是实实在在的，这样才能积累品牌美誉度，企业下次做活动的时候才会有消费者支持。

要抓住这种机会，企业首先要对市场信息极其敏锐，在这些机会信息出现之初就能做出准确的判断，要判断这个信息的重要性如何、对企业有什么影响、能否利用这些信息做些工作。如果判断这个信息可以利用，那企业还得有快速反应的流程和相应的市场能力，如果企业内部流程太慢，等这个事情的热度已过，要做的事情都还没有决定下来，那就没有意义了。所以这种被动的机会要求企业一定要有敏锐的判断力和极其快速的反应，这样才可能有实实在在的效果。

第二节　选择促销的方式

一、消费者需要什么

企业要做什么这个问题的答案不取决于企业自己，而取决于企业对客户的了解程度。为什么很多茶叶企业做了很多次促销，效果都不明显，原因很简单，这些促销都是由企业的营销人员自己随意想出来的。**选择什么样的促销方式，不是由企业营销人员决定的，而是由消费者决定的。企业做促销的效果怎么样，取决于对消费者需求的了解程度，了解越透彻，成功的概率就越高。**我们可以把消费者需求分为三种：利益需求、情感需求和社交需求。这三种需求的表现形式和接受方式都是不一样的。

利益需求。简单来说这就是可以用金钱来衡量的需求类型。有这种需求类型的消费者他们只关心看得到的利益，对产品的价格或者可以用金钱来衡量的东西感兴趣，其他的东西对他们是没有效果的。这类消费者主要是用折扣、买赠等直接节省其购买费用的方式去做促销。

情感需求。这类消费者对价格不敏感，他们更关心自己的地位、环境的影响和周围人的看法。这种需求的消费者主要是中、高端的消费客户，一般的价格折扣对他们并没有什么吸引力。他们多数不差钱，吸引他们的注意，让他们改变消费习惯只能是满足他们的情感需求。例如，可以设定购买多少可以提供茶艺表演，或者是专项泡茶服务，又或者是企业专门订制少量高端礼品，衬托他们的身份和地位。这些促销方式对有这种情感需求的客户来说要好些。

社交需求。这类客户购买产品的主要目的是社交活动，简单来说就是送人。这种消费者的需求是拿这个产品出去更有面子，且又比较实惠。实际上这种需求的促销用买赠是比较合适的，因为这类客户送礼一般来说都是希望越贵重越好，所以价格方面可以比较高一些，但是实际消费者也不想花这么多钱，所以这个时候不用折扣，目的在于让受礼的人知道这个产品的贵重程度，赠品是变相降低产品的价格，让消费者有物美价廉的感觉。

二、计算投入产出比

所谓的**促销投入产出比是投入的费用产生了多少销售额，通常可以用费用率来做参考。费用率＝促销所投入的总费用/这次促销的销售额×100%**。

做促销一定得有成本的意识。不是每次有机会都得做促销，也不是每一次促销的效果都会很好，如果我们不计算成本和收益，那么就很难找到最适合企业的促销方式，资金的使用效率也会很低。

很多茶叶企业在促销活动的时候做得都比较随意，一个很简单的促销方案，可能就是几句话、半页纸，甚至是口头向领导汇报一下就开始执行促销了。且不说费用预算及相关的事情，就连活动的预估销售量都没有，这种促销就是做之前混乱，做完后糊涂。企业永远都是一笔糊涂帐，不知道活动是盈还是亏，效果是好还是坏。

计算投入产出比虽然是一个公式，但是我们要从两个方面来计算：一是活动前的预算，二是活动后的总结。

活动前的预算。每一个活动方案都应该有一个销售额和费用计划的数据，企业可以设定一个费用率的指标，如果超过指标就需要特批或者不能进入执行。这样做的好处在于要求负责人在活动开始前要对促销活动进行全面的计划，也可以让企业更好的统筹促销方案，合理使用资源。

活动后总结。计划和实际情况总是会不一样的。促销活动做完后，必须要把实际产生的费用和实际的销售数据收集并进行总结。实际的费用率=实际产生的费用/实际产生的销售额×100%。如果实际数据和计划数据差距过大，那么大多数都是费用率偏高的问题，这说明要么是做计划的人敷衍了事，要么就是刚开始做促销，经验和历史数据不充分。

费用率分析并不表示费用率高就不做了，而只是建立一个参考的标准。有时候为了战略的需要，牺牲短期的一些利益是很正常的。只是在做这些促销工作的时候需要更科学地分析，更理性的思考。

三、促进销售的方法

茶叶行业促进销售的方式与其他行业是大同小异，主要是折扣、赠品、抽奖、积分等，这些传统的促销方式这里就不介绍了。俗话说："隔行如隔山"，每个行业都有每个行业的特点，这里主要介绍适合茶叶行业的促销方式。

茶叶品鉴会。快消品经常会为消费者提供试吃试喝的机会，茶叶产品的试吃试喝可以通过两种方式来实现：**一种是消费者在专卖店里试喝，另一种是企业直接策划产品品鉴会。**产品品鉴会是试喝的放大版本，不同在于产品品鉴会要选择品鉴的对象，要做宣传推广。其实喝茶要的就是一种感觉，因为茶叶中有很多成分，要求消费者的感觉非常敏锐才能体会到，一般很少有消费者能完全体会到，这时引导就很重要了。如果策划一个从形式和内容都非常不错的品鉴会，在优美的环境下，看着茶艺师的表演，听着讲解，感受茶汤，消费者就很容易进入这个氛围，这样对产品的感觉也会更好。这些品鉴客户多数都是意见领袖，在这些意见领袖的引导下，茶叶产品的推广就容易多了。在这方面八马茶业做得非常不错，八马赛珍珠全球品鉴，集合了很多商界、政界的人士，不仅获得了很好的宣传效果，也促进了产品的销售。

茶文化游。稍大一些的品牌都会有自己的茶园基地，茶园的景色是非常迷人的，阶梯式的茶树绿油油的，星星点点的茶花点缀着姿态优美的采茶姑娘，这是一幅多么美妙的画面。游人不仅可以参观茶园还可以自己采茶，自己加工，这是一个非常有吸引力的旅游项目。**茶园游的项目和产品销售联系在一起，既可以促进销售，又可以促进消费者与品牌之间的感情，一举多得**。这种方式目前用的人还不多，而且用得也不太好。其实做促销最好的就是利用自己已有的资源，一方面费用比较好控制，另一方面也会有更多的机会与消费者沟通。

定制茶品。这种方式普洱茶、黑茶和其他一些紧压茶用得比较多。紧压茶只需要做一个压茶的模具就行，制作起来非常简单。企业不仅可以做紧压茶，还可以做其他的包装定制茶，而且还可以把定制茶的概念从单位团购转变为面对个人。定制茶只需要增加一个个性化包装的打印机，就可以把个性化的需求体现在茶叶包装上，**只是这种促销方式对企业的整体运营能力要求比较高，成本控制、流程控制、速度要求，这一切既要满足企业利润的要求，更要满足消费者体验的需求**。

营销本无定式，每种方式都不是绝对的可以用或者不能用，能不能用还要看具体面临的情况和运用的人，有时候传统的方式也会有战略性的突破。

第三节　没有宣传就没有效果

一、宣传事关促销成败

促销活动成功的关键在于目标消费者是否知晓促销的信息，这里的关键要素是目标消费者和信息传达。

目标消费者。一般来说，促销都是针对具体的客户群，这种促销针对性更强，促销的效果也会更好。很多茶叶企业在做促销的时候只是简单地想让促销达到增长销售业绩的目的，并不去考虑促销到底应该针对什么样的消费者，这些消费者会选择什么样的产品，他们喜欢什么样的促销方式，所以我们才会发现现在很多茶叶企业的促销只是一个面子工程，看着热闹，实际无效。

确定目标消费者有两种方法：一种是先确定目标消费者再确定产品，例如针对大宗团购的客户，主要是福利使用，那么企业要选择的就是性价比较高的产品；另一种是先确定产品再确定目标消费者，这种方式使用的比例比较高。

茶叶行业的促销切忌全线一起做，这种促销方式对企业来说一点好处都没有。如果所有的产品同时做促销，那就没有具体的目标消费者，没有重点，就很难制定出比较好的促销方式，消费者也难以被吸引。

信息传达。所谓信息传达就是企业在做促销的时候，这些促销信息如何顺利地让目标消费者接收到。如果信息不能很好地传达，那促销活动就得大打折扣，活动的形式再好也没有用。消费者的消费习惯是怎么样的、接收信息的渠道如何，这是企业选择信息传达方式时必须要考虑的。信息有效覆盖率是一个重要的指标，它直接关系到促销活动的销量。促销的时候应该有与活动相适应的宣传费用预算，尽可能做到消费者全面覆盖。

二、如何告知促销信息

有一个好的主题。促销主题不等于促销目的，促销目的是对内，而促销主题是对外。也许促销目的是因为这个阶段的业绩不好而做的，但是不能告诉消费者这个活动的目的。促销主题事实上是做促销的理由，这个理由得让消费者感觉是非常充分的，例如节假日、店庆、新品上市，一个好的主题能为品牌带来巨大的销量。

例如，2008 年汶川大地震时的王老吉，简单的一句"'封杀'王老吉"，就把很多区域的王老吉卖空了，这个促销的效果非常好。当然在做促销的时候不太可能都像王老吉这样，这种机遇是可遇不可求的。日常的促销更多的是从平淡的主题中去寻找不同点。

内容简单可行。促销的内容切忌烦琐复杂，要让消费者在最短的时间内就明白他能得到什么。例如，全场 8 折、买 200 送 200 这种活动内容是非常直接的。不管是哪一种活动，一定是用一句话就可以表达出来的才是合适的，如果发现这个活动用一句话讲不清楚，那就需要多研究了。

促销宣传要提前预热。做促销的时间是固定的，不可能一直做下去，长期做的促销就不叫促销了。由于时间限定，在一个比较短的时间内要形

成集中的消费热潮，这需要提前把准备工作做到位。宣传工作必须要提前做，一般情况下，一个小型的促销至少提前一周左右的时间进行宣传，如果是比较重要的促销活动，宣传的时间提前的更久一些。

我们看到有些茶叶企业在做促销的时候几乎没有提前宣传。笔者见过一家公司做一个节庆的整体促销方案，结果到促销活动开始以后，外地的门店都还没有拿到宣传海报，也没有提前进行其他的宣传。这样的促销事实上一点意义也没有。促销的结果很大程度上来自促销前对市场的预热，让消费者积累起一定的消费热情，到促销的时间段集中释放，这样才能达到很好的促销结果。

第四节　避免重复犯错

可以试错，但是不能一错再错。茶叶企业在发展过程中，有很多事情都是从前没有经历过的，也许可以借鉴其他行业的成功案例，但是行业不同、企业不同、环境不同、时机也不同，很难确保自己一定成功。俗话说："失败是成功之母。"每一次失败都应该带来经验的积累，每一次失败都离成功更进一步。

事实上很多茶叶企业在重复犯错，茶叶行业与其他行业最大的区别不是行业发展的时间问题，而是行业自己纠错和改进的意识问题。我们看到一些茶叶企业在第一年中秋进行全场八折的促销活动时没有获得好的效果，在第二年中秋的时候，又把这个全场八折的海报拿出来了，物料的费用倒是少了很多，但是这样的促销是没有任何意义的。很多企业就是在不断地重复自己的错误。

不犯同样的错误首先是一个意识问题。如果没有负责任的态度，追求完美的精神、不犯同样的错误永远是一个笑话。这不仅是要从活动的组织者做起，更要从高层领导做起。

不犯同样的错误是要让犯同样错误的成本增加。其实我们在做事情的时候，做得不好是因为犯错的成本太低，所以具体执行的人根本不去重视工作的结果，好也罢，坏也罢，对他们都不会有什么影响。我们要让犯同样错误的成本增加，如将执行的效果与收入相结合，这样，同样的错误将不会重复出现。

事前要多学习。为了避免犯错，在做事之前要先学习。学习营销方面的知识，分析之前的一些案例，分析企业的历史数据，要做到策划方案科学、规范，降低失败的风险。

事中要多思考。在活动执行的过程中，要勤于思考，善于应变。过程中可能会出现一些无法预料的事情，这需要活动组织者及时发现，善于调整，变被动为主动。

事后认真总结。总结是不犯同样错误非常重要的步骤。一般来说进行活动总结要从三个方面来进行：①活动效果，实际活动的效果与策划方案的差距有多少，原因是什么；②根据活动内容反思活动的策划案是否合理；③活动的执行是否到位。所有的环节中做得好的有哪些，做得不好的有哪些，一一总结。做得好的发扬，做得不好的，要研究如何改进，发现一个改进一个，这样才可能不犯同样的错误。

【第7章】

展会不是鸡肋

第一节 要不要参加展会

一、企业所处的阶段

各种茶叶展会是一个宣传、销售茶叶品牌的平台。**要不要参加展会和茶叶品牌所处的阶段有直接的关系**。在品牌初创阶段、品牌发展阶段和品牌成熟阶段对展会的需求会有明显的不同。

品牌初创阶段。这个阶段的品牌消费者不太了解，对产品的认知也少，品牌和产品都急需要介绍给消费者和渠道合作商，这个时候参加展会非常有必要。处于品牌初创阶段的企业，实力相对较弱，每年各地展会那么多，选择什么样的展会参加就很重要了。从影响力和效果来看，品牌初创阶段的企业应该首先选择广州、深圳、北京等几个在国内非常有影响力的展会，另外再选择自己企业所在区域的一些展会，其他展会可以先不用参加。参加影响力大的展会主要是快速建立品牌，通过展会的影响力让更多的人知道自己的品牌；参加企业所在区域的展会，主要是为了打好基地市场，建立稳定的根据地，确保企业的品牌认知和销售额。企业所在区域并不完全指自己所在的区域，也包括周边的地区，因为在产茶区域，品牌非常集中，品牌竞争压力比较大，新品牌在同类的品牌中要有突出表现并不太容易，所以可以避而求其次，参与企业周边区域的一些展会，这样品牌建立起来可能会更容易些。

品牌发展阶段。在品牌发展阶段，企业应该适当地多参展，强化品牌在消费者和渠道合作商中的印象。多参展并不是让企业什么展会都参加，现在各地展会非常多，有些展会的影响力非常小，人流量也很少，这种展会参加的意义不大，所以在参展之前一定要先了解展会的历史数据和口碑情况。如果大家对这个展会都没有什么好的印象，那么尽量还是不参加为好。就算有一定影响力的展会，也得看自己历史参展的情况怎么样，并不是每年都得去参加，适当就可以了。

品牌成熟阶段。在品牌成熟阶段，企业参展的必要性已经比较小了。如果品牌已经做到全国市场都有很高的知名度，渠道网络布局也基本完成，这个时候参展的作用已经不是特别大了。如果说企业有参展的必要的话，那一定是纯宣传自己的品牌文化了，这个时候可以传递一些更新、更高、更符合市场需求的品牌定位或者品牌文化。例如竹叶青茶业，现在参展更多的是传播竹叶青茶业的品牌文化。另外还有的可能就是企业有些重大的信息需要发布，那么在展会上发布也是一个不错的选择，因为展会通常会有很多媒体参加，通过这些媒体，信息传播的速度会更快。

二、面临的实际需求

茶叶企业参展的目的无非是品牌宣传、渠道招商和产品销售，每家企业参展的时候都必须清楚自己的重点在哪里。

品牌宣传。品牌宣传是所有企业参展的一个核心需求。通过展会这种上百家企业集中展示的平台效应所带来的巨大人流，往往容易取得比较好的品牌宣传效果。一般把品牌宣传作为重点的企业都会要一个比较大的位置，设计成特装的展位，把品牌文化尽可能地展现给观众。

渠道招商。招商是企业参展的又一个重点，展会是茶叶企业一个非常核心的招商渠道，很多品牌在参展的时候就以招商为目的。一般来说，参加展会的行业人士还是比较多的，在这种情况下，如果品牌有竞争力，招商成功的可能性会很大，事实上有很多茶叶企业的加盟商、经销商就是在展会的时候招到的。

产品销售。茶叶展会通常还可以销售产品，这和很多行业的展会不同，展示就是展示，而茶叶展示和销售是同时存在的。但是大型展会以销售为目的的企业相对就少一些，而一些区域性的小型展会主要以销售为主。

从企业来说，在一个展会上同时兼顾这三个目的难度很大，因此**在参加展会之前必须明确自己的主要目的，目的明确，选择的展会就不一样。**如果以品牌宣传为主，那就选择大型的展会，视其费用情况采用特装展会展现品牌形象；如果以招商为主，除了展会的选择，还要提前设计展位和展会之前的招商准备；如果以销售为主，那么在品牌展示方面就可以少花钱和精力，多制订些产品销售的方案，以提升销售额。

三、参展的判断标准

企业要不要参展，不能全凭拍脑袋做决策，应该建立一定的标准和规范，以降低风险和提高工作效率。一般来说，是否参展取决于以下三个方面：

第一，展会的效果。参展前必须详细了解展会的相关信息，多收集资料，具体到多少届、每届的人流量怎么样、参展企业数量怎么样、展会的社会效果怎么样，通过这些数据可以对这个展会做出一个大致的判断。当然，这些资料的收集不能只来自于展会的组委会，而要多方了解，像几个大型的展会一般不用了解也都清楚，但是对于一些区域性的展会，一定要了解清楚。如果效果不好，就没有参加的必要。

第二，展会的费用。展会的费用包括几大部分：一是展位费，实际也是展位的租金；二是展位的布置费用，如果是特装的话，这笔费用也是不小的；三是产品的物流费用；四是人员的差旅费用。但是现在很多企业都只算展位费和布置费，这样算其实是不太准确的，真正的费用要把四部分都包括在内。茶叶行业有一个奇怪的现象，就是很多企业在参加展会的时候完全没有考虑费用情况，想到哪里就用到哪里，最后花的钱比预算多了很多。这样乱花钱是很没有必要的，所以在参展之前得先确定好费用预算，这样才更有目的性。

第三，公司的战略。参展与否还要看企业的发展战略，如果是一个新的品牌，暂时没有实力去做全国市场，那么国内几大茶展就可以暂时不用考虑了，选择一些区域有影响力的展会参加就可以。如果企业战略是发展全国市场，那么尽早参加国内比较有影响力的展会就是一个非常不错的选择。企业有时候参展也是为了帮助经销商更好地开拓市场，以一定的投入换取市场销量和客户的支持，从而建立更加稳定的关系。

总而言之，展会得有计划，不能现在很多企业那样，每年参加十几场展会，结果一点效果也没有，这就像得不偿失了。

第二节　以目标导向参展

一、没有明确目标就不要参展

笔者曾经与几个品牌茶叶企业的老板交流时，问他们参加展会的目标是什么，结果没有说得清的。老板尚且如此，员工就更迷糊了。如果没有明确的目标，那么参展对企业来说就像是没有方向盘的汽车，开到哪里算哪里，风险比较大。因此，每次参展前，企业从上到下都应该明确参展的重点和目标。

明确工作重点是什么。企业参展的需求并不是目标，但是需求是指导企业的工作方向。在参展之前要明确自己需求的重点是什么，是品牌宣传还是招商或者是销售。一次展会应该只有一个工作重点，其他的都是次要的。只有确定了工作重点，准备工作才能有的放矢，因为招商和销售这两个目的不同，展会的表现形式会有很大的差异。以品牌宣传和招商为目的，要重视外在的表现，对品牌的包装是一个重点，而以销售为目的，外在的包装相对来说就不是很重要，更多的是吸引消费者。

在这方面云南双江勐库茶叶有限责任公司做得非常好，这家企业参加的每个展会的工作重点都是一样的，用原料现场加工茶饼，让消费者亲自体验普洱茶饼的制作过程，用大场面吸引消费者注意，现场加工带动产品销售。虽然每次并非都是装修的很高档的特装展位，但是效果却很不错，而且每次展会都是如此，在消费者心中也逐渐树立了一定的品牌形象。

目标是可衡量的。参展前给活动设定一个具体的目标，这个目标是可衡量的，是数字化的。举例来说，如果目标是招商，那么就可以设定一个招商的目标，如一次展会可以收集多少家意向客户，最后达成合作的有多少家。如果目标是销售额，可以直接设定一个目标销售额。如果企业只想做品牌宣传，可以简单地将目标设定为有多少人看了展位、有多少人拿了资料、有多少人留了名片，这些都可以设定成具体的目标。

工作重点和具体目标一个是方向，一个是标准，缺一不可，只有两个都具备了，展会的具体衡量和判断才有意义。工作重点和具体目标不是只要企业领导人知道就行了，而是所有的展会参与人员都应该非常清楚的，这样参加展会才有实在的意义。

二、确定目标导向的展会计划

展位的选择。确定参展后的第一件事情就是选择展位，展位的选择就像专卖店选址一样重要。选择主通道和还是副通道、一个开口还是多个开口、特装展位区还是普通展位区，这些都会有很大的不同。企业在参展的时候一定要提前安排，这样可以尽早选择展位。到现在为止，还有很多企业在参展的时候没有意识到展位的重要性，不抓紧时间选择自己的展位，而是拖延，到最后只能选择一些一般的位置。不过有时候太早选择也不一定是件好事，如果自己的品牌是一个新兴的品牌，在展位选择上可以紧跟行业内比较有影响力的品牌，可以等一些比较知名的品牌选择完展位后再紧跟他们选择，从品牌传播的角度来说，这是很不错的传播途径。

展会产品计划。根据展会的目标拟定参加展会的产品计划。如果以招商为目标，产品系列要全、产品说明要齐、产品价格要好，这样客户才会有兴趣。如果以销售为目标，那么选择的产品就完全不一样了。在展会上销售的产品很少有高端产品，一般来说都是中低端产品，所以如果以销售为主，产品计划就需要把中低端的产品作为重点，同时要备齐适合销售的产品数量。

展会宣传计划。展会虽然是一个集中展示的平台，但是因为同时展示的品牌非常多，企业在参展的时候也需要拟定一个宣传计划。目前很多企业都没有做到这点，基本上都是在展会上等待客户主动上门。其实这个时候更需要企业做适当的宣传，把参展的人流尽量引到我们的展位前。现在有些参展企业用的宣传方式是茶艺表演、中国传统音乐表演、制茶表演等，这些方式都能吸引一些客流。还有一些简单的方式如绶带、宣传单、小礼品等，也是展会上比较有效的宣传手段。

展会的陈列计划。在陈列方面要考虑品牌形象、产品摆放、功能分区等方面的因素。如果是特装展位，那么产品的陈列可以由设计公司来完成，但是一定要体现公司的品牌文化，体现展会的核心目的。如果是普通展位，则由参展人员在展会现场根据需要完成。但是展会的陈列首先体现品牌形象，其次才是产品，如果是销售型的展会，也可以把品牌和产品并重。

展会的执行计划。展会是一个临时性的项目工作，必须有一个相关的负责人来牵头负责整个展会的工作进度，。在整个展会推进过程中应该有每个阶段的推进计划和进度跟踪，确保展会的工作能如期展开。

关于展会的计划，笔者曾经与一个地方性的茶叶企业负责人交流，得知企业三天内就要参展了，笔者问展会准备好了吗？他回答准备好了，东西都是现成的，马上就可以用。笔者告诉这位负责人，如果只是应付一下，那么什么时候去参展都没有问题，都能做得下来。但是如果要把展会做好，那就一定要提前做计划，要清楚自己在这次展会上想要达到什么目标、怎么去达到、需要做些什么准备工作，这样才是一个合理的展会安排。从这一件小事我们可以看出，茶叶企业在展会的工作还有很大的提升空间。

第三节　执行决定效果

一、要有明确的人员分工

展会是一个临时性的工作，目前很少有茶叶企业为这个工作专设一个岗位，而且就算是专设了一个工作岗位，展会需要的所有员工协调也都是临时性的，展会执行情况的好坏一个很重要的决定因素就是人员的分工是否明确。

首先展会必须有一个统筹负责人。这个负责人要非常了解各种展会的情况，同时熟悉展会的各个流程，并且能根据企业的参展目标制定具体的展会工作计划。这个负责人可以是公司的管理人员，也可以不是公司的管理人员。如果不是公司的管理人员，必须有公司领导人的支持，否则他无法调动公司的资源，展会的准备工作会很难推进下去。

展会负责人负责整个展会的推进计划、展位的选择、与展览单位的沟通协调、与展位设计方的沟通协调，以及与公司内部各部门间的沟通协调，这对展会负责人的沟通能力要求比较高，一个好的展会负责人可以减少很多麻烦事。在展会准备工作中，切忌工作由多个人去推进，这样会造成展会准备工作的混乱，协调起来不方便。如果展会筹备工作由公司领导来完成，那么也应该从头到尾由一个人来负责，而不能因为自己的事情比较多，分派给别人负责。

其次是明确展会现场的人员分工。一般来说，茶叶展会现场需要有这样几种工作人员：一是茶艺师，主要工作是泡茶给顾客品尝，同时介绍品牌和产品知识；二是营销人员，他们的主要工作是现场销售或者是接待有合作意向的客户；三是保护货物的安全人员，展会一般都会比较忙乱，特别是以销售为主的展会，人流量大，现场混乱，货物及个人用品的安全性也很重要；四是现场协调人员，这种工作一般由展会负责人承担，主要负责协调与展会公司之间的事情，统筹现场的人员工作及货物调配。

最后，展会前必须有一个对参展人员工作要求的培训。因为展会是一个临时性工作，工作内容是临时的，大家的工作配合也是临时的，如果不提前做好培训，那么现场的工作协调将会不是很顺利。因此展会前一定要对参展人员进行详细的培训，对展会的每个步骤、每个环节进行讲解，让每个参与的人员都清楚自己的工作内容、知道与自己配合的人是谁以及现场应该如何进行工作。只有做到这样，展会才可能比较顺利地进行，否则每次准备展会都会感觉有很多不足之处。

二、利用好一切宣传机会

展会既然是一个展示的平台，就应该充分利用。但是品牌宣传并不只是吸引人眼球，如果仅以展会上吸引了多少人流量来判断宣传效果的好或者不好，是不对的。像有的展会活动中出现的情况一样，如果做一个人体彩绘的活动，肯定会吸引很多人，但是对品牌的宣传可能带来负面影响。

展位设计。不管是特装展位还是普通展位，展位是最能直接体现企业形象的。每次展会，特装展会都建得富丽堂皇、气势逼人，但是仔细看，却没有几个能真正体现品牌形象。回想一下每年的展会，真正让大家记忆深刻的品牌，非常少。展位不仅是一个可以让观众驻足的空间，更是一个大的品牌展示空间，不仅要在展位设计上体现品牌价值，还要让消费者记忆深刻。

如果企业没有充足的资金去做特装展位，那么在展位的布置上就需要动动脑筋了，这种情况下要合理使用一些辅助宣传物料。这类似于家庭装修，地产公司把简单装修的房交给业主后，业主要通过装修来把家庭布置得符合自己的审美。实际上普通展位也是如此，企业在参展前要准备一些背景、产品展示架、宣传资料以及能体现品牌形象的一些物料，还可以设计一些公司的吉祥物，这样便于消费者记住自己的品牌。

基本宣传。服装、X 展架、喷绘、产品包装袋、宣传画册等都是一些展会宣传的基本物料。基本宣传是全方位的，光靠某一个方面很难有实际的效果。

视听设备。现在消费者接收信息的渠道越来越多样化，多媒体展示是一个非常有效的手段，而茶叶企业在参展的时候并没有把宣传的形式多样化。对茶叶企业来说，宣传内容的视听化，是一个重要的突破。目前有一部分企业会播放企业的宣传片，但是这还远远不够。在这方面，地产商就做得非常好，看各地的房交会，各展位的宣传方式是争奇斗艳。有些人说地产界有钱，当然会做得好，其实钱少也有钱少的做法。最简单来说，在现场做一个激光动画也花不了太多的钱，但是能吸引消费者的注意力，这是个非常不错的方法。

活动宣传。前面讲到的都是企业主动宣传的部分，其实企业更应该让消费者主动替企业宣传，这就是活动宣传。**参加展会，应该尽量根据主题设计一些活动，让消费者有更多的机会和兴趣了解产品，同时通过活动能更好地把品牌信息传递给其他消费者。**

第四节　展会后要做什么

一、总结展会效果

撤展并不是展会的结束，而应该是另一个开始。所有把展会撤展当成展会结束的企业，不可能把展会做好，因为一个完整的展会过程包含展会前、展会中和展会后。**展会前和展会中是一个播种和开花的过程，展会后才是一个收获果实的阶段，**所以茶叶企业在参加展会的时候不要只看到开花的瞬间，以为这就是展会的全部，如果只有短暂的美丽而没有成功的果实，那这个展会就是不成功的。

展会的结果是什么，这需要总结一下。现在几乎绝大多数茶叶企业在参展后都会悄无声息地结束，可能有的企业会简单汇总一下展会的销售数据，但是这远不是展会应该达到的结果，这意味着展会这束花结了很多果实，而我们只摘了其中的一个，其他的却丢掉了。

展会总结什么、收获了什么，应该有一个明确的界定，这样才能有效地利用好展会的成果。

结果数据指标。展会的数据指标主要有三个：一是销售额指标，二是意向客户指标，三是人流量指标。这三个指标根据企业参展目的的不同，指标的重要性也不同。实际上每次参展的时候，这三个都是可以用来衡量的指标，虽然各不相同，但是却也相辅相成，指标的结果数据一定要和参展前的目的进行对比。

如果参展的目的是销售额，而展会结果的销售额不理想，那么这个展会肯定没有达到目标，就算别的指标都达到了，结果也是不理想的。例如，我们看到在有些展会上，有的品牌会请一个乐队来表演，表演的时候，展位周围的人流量特别大，人流量的指标看起来不错，但是销量额的指标却很低，这就充分说明展会活动的效果并不是很理想。如果目的是招商，结果在现场卖了很多产品，人流量也不错，就是意向客户不多，那说明企业在展会招商的政策设置方面有问题。

费用效率分析。茶叶企业参加展会的结果数据指标虽然并不一定做得很完善，但是多数企业还是会去做，而费用效率的分析，基本上就没有企业去做了。**参加一次展会是需要不少资金的，做完以后，这笔资金花得值不值，是需要评估的。**在对每一次展会进行费用效率分析的时候一定要全面。什么叫全面，就是不仅要把直接的费用计算在内，同时也要计算间接的费用，这样才是全面的费用计算。

例如，首先要计算展位的租金、展位的设计费、布展费（特装展位）、宣传物料费、产品物流费、人员差旅费、活动赠品费和人员工资等，只要是和展会相关的费用，不管是直接的还是间接的，都得计算在内。费用计算清楚了，如果以销售为目的，把费用除以销售额就是此次展会的费用率，把销售产品的毛利除以费用就是费用的使用效率了。如果以招商为目的，那把费用除以目标客户数量，就是每次展会单个意向客户的成本，如果按最终成交客户数来算，那就是单个客户的成本。如果计算品牌认知度，那就把人流量除以费用就是单个消费者的品牌认知成本了。

展会组织总结。每次展会对企业来说都是各部门临时组织的一个过

程，展会组织的过程是否科学、部门之间的配合是否顺畅，是展会成功的保障。我们在参加展会的过程中，发现很多因组织问题而使展会效果大打折扣的问题。例如经常出现马上要去参展了，发现宣传资料还没有做出来，或者展会才开始，宣传资料就没有了，或者已经到展会现场了，发现没带名片，或者在以销售为目的的展会上，发现产品准备不足，这些都是展会组织的问题。为了不让这类小问题影响整个展会的效果，每次展会结束后，必须对展会的准备过程、现场执行等组织环节进行深入的分析总结，不能让问题再次出现。一个优秀的企业和一个平庸的企业都会犯错，但他们最大的差别在于优秀的企业不会犯同样的错。

二、客户后续跟进

茶叶企业参加展会一个非常重要的目的是招商，所以展会招商的效果很重要。但是企业往往在参展的时候目的是招商，而在展会后却又没有很好地把展会招商的工作持续跟进，从而使招商的效果大打折扣。

展会招商要做到以下三个方面：

首先，展会现场的目标客户信息要有专人汇总。我们经常看到在展会现场，每个销售人员都在与客户进行交流，但是却很少有人对客户资料进行登记，所以展会现场到底有多少意向客户信息，没有几个人清楚，每个客户的情况是什么，也很难说清楚。如果企业有选择客户的标准，那每个营销人员应该都非常清楚这个标准，在与客户交流的时候，对这些信息进行了解并进行初筛选。同时每个营销人员应该有一个目标客户的汇总表，内容包括客户名称、电话、意向、资源和区域等，有这些信息和资料后才可能进入下一步的沟通。当然，所有的营销人员每天应该将这些信息汇总到展会负责人那里备案。

其次，展会结束后统一进行客户的初步跟进筛选。有了客户的基本信息后，就能对客户及区域市场有一些基本的判断，可以对客户进行初步沟通并筛选，而客户也需要对企业有更多的了解和接触。目前茶叶企业的现状是展会结束后，基本上都是由之前接待的营销人员进行客户的跟进，企业没有统一的规划与安排。事实上只能把展会定位为一个信息收集的平台，要选择好的客户，光靠展会是不行的。在对客户的信息进行梳理后，可以把有意向的客户与其他渠道的意向客户进行对比，并深入沟通和了解，确定真正的目标客户。

最后，根据展会的效果调整招商政策。展会是一个直接了解目标客户需求的环节，如果企业在展会招商过程中有意向客户，但是多数态度不明朗，企业应该综合判断一下招商的状态，招商政策是否合理。如果是招商政策的问题，那么展会结束后，第一时间调整招商政策，重新与意向客户交流并跟进，以达成合作。由于目前茶叶行业的目标客户很多都是个体投资人，他们大多数并不会有特别明显的品牌投资倾向性，如果不投资我们的品牌，他们就会投资别的品牌，而且速度非常快，所以我们要在展会结束后第一时间调整我们的政策，以达到我们的招商目的。

第五节　展会参展执行计划

一、前期与展会部门对接

前期与展会部门对接的内容包括以下几个方面：

（1）咨询相应的展会情况；

（2）确认展会的对口负责人；

（3）确认企业是否提交相应的参展材料；

（4）确认参加该展会的竞品信息。

二、企业参展需要筹备的内容

企业参展需要筹备的内容包括以下几个：

（1）成立项目组，协调工作：确认项目组的相关人员、确认总负责人、确认相应工作的责任人、确定相应工作的时间进度；

（2）确认展会物料：展会背景设计（含文案）、企业宣传手册、产品手册、企业（产品）宣传折页、易拉宝、手提袋、吊旗、环形展台、吉祥物、名片、名片盘、笔记本、客户来访记录表、桌布、剪刀、透明胶、笔等；确认参展的最新研发成果、确认参展的设备、确认参展的产品、确认参展产品的包装、确认各项工作的负责人；

（3）确认参展方案：确认参展主题风格、确认参展方案的编写责任人、确认参展方案；

（4）确认物料制作：确认物料制作的负责人、确认参展物料的制作报价、确认相应的广告公司、确认广告公司的相应对接人、确认广告公司展位物料的制作时间、跟踪广告公司的制作进度、确认展会物料制作的质量、确认广告公司运输和安装展会物料的时间、确认物料现场安装后效果的质量等；

（5）确认参展人员的培训：确认参展教材的编写责任人、确认参展培训的教材、确认培训教材的编写进度、确认参展培训教材的提案、确认参展人员的培训、确认参展人员的培训效果演示；

（6）确认参展费用情况：确认参展费用预算责任人、确认参展费用的预算、确认参展费用提前支取、确认参展费用的使用规则、确认参展费用的使用情况、确认参展费用的报销；

（7）人员安排：确认现场人员最高负责人，确认参展人员人数，确认参展具体人员、确认参展人员行为规范，确认人员的任务和安排，确认参展人员的吃、穿、住、行；

（8）确认展品的情况：确认展品的全部内容、确认展品的到位情况、确认各类展品的数量、确认展品的陈列展示、确认展品的储存工作、确认展品的使用情况、确认展品的派发使用登记表、确认展品当日使用后的数量清点、展会结束后展品的清点情况、确认展品的入库情况；

（9）其他临时事项的确认：以参展最高负责人的意见为主。

【第8章】

茶叶电子商务

第一节 做不做电子商务

一、茶叶电商的现状

传统茶叶品牌。电子商务已深入人们生活的各个方面，茶叶行业自然也不例外。目前多数茶叶品牌都已经触网了，除了自己的公司网站外，绝大多数都在淘宝网或者天猫商城开了店铺。但从淘宝网的数据来看，传统品牌在淘宝上的销售数据不太理想。2011 淘宝十大茶叶品牌中，传统茶叶品牌只有天福茗茶和湖南中茶两个，而且排名还是第八和第十，其他八个都是纯互联网品牌。**传统茶叶品牌做电子商务多数是把线下的产品直接搬到线上销售，产品还是那些产品，人还是那些人，销售方法还是那些销售方法。**

垂直电商网站的日子并不好过。2011 年 7 月，电商网站也买茶网站宣布，暂停网站的运营，月内对所有库存茶叶进行清空并停止与之有关的网站运营和商标使用。茶叶垂直电商的代表买买茶网曾在 2011 年获得近亿元的风投资金，拥有五个生产基地，与多家知名品牌有着合作关系，提供“从茶园到茶杯”方便快捷的消费渠道。不过到 2012 年年底的时候，买买茶网就被披露日销售额不足万元，并有拖欠员工工资的行为，网站运营艰难。2013 年 3 月，传出买买茶网要倒闭的消息，虽说证实是假新闻，但是能看出来买买茶网的日子并不好过。除了这两个比较有代表性的品牌，茶叶其他的垂直电商网站就很少有人知道了。

淘品牌正当时。2012 年茶叶 B2C 网上零售交易规模为 39 亿元，到 2014 年将达到 77 亿元。目前，从茶叶 B2C 网上零售的交易规模上看，天猫商城、京东商城、当当网等综合电商平台占到了整个交易规模的 90%，而垂直网站仅占 10%。从淘宝网数据中看出，2011 年茶叶品类在淘宝网的销售额是 20 多亿元，而在 2008 年只有 2000 多万元，淘品牌中艺福堂、中闽宏泰、尚客茶品分列前三强，这些品牌基本上是在 2006 年前后开始涉足电商领域的。根据淘宝网的数据，2012 年，淘宝网的农产品销售，茶叶的销量最大，日销售额超过 700 万元。

在目前的茶叶行业电商中，传统的茶叶企业还在起步阶段，大量的企业只是简单复制。就算是做得比较不错的天福茗茶和湖南中茶，也都只是复制了线下的产品而已，他们成功的原因在于产品系列比较丰富，品牌知名度相对比较高，做起来比较容易。而茶叶的淘品牌才是真正用电子商务思维做成的茶叶品牌，他们目前的情况还是不错的。而垂直电商网站，因为多种原因，在近几年还是比较难有明显的突破，他们紧巴巴的日子估计还得过上一段时间。

二、电商能带来什么

技术的使用经常会带来行业革命性的改变，网络使地球变成了村，也使传统的区域属性强的茶叶有机会进入全国市场甚至全球市场。电商的崛起为茶叶行业带来了三个新的突破。

新的思维观念。传统农业是一个相对落后的行业，而茶叶又是农业里进入科技化、信息化比较慢的一个行业。但是从茶叶的属性来说，茶叶又是农业里比较适合电商的行业，因为毛利润够高、产品够多、物流方便、保存方便，所以茶叶行业很快就接受了电商，而且发展迅速。茶叶企业多数老板未必对电商有多了解，但是至少都接受了电商这个新兴领域是一个非进不可的领域，**思维的改变通常是其他改变的基础**。虽然现在的传统茶叶企业做电商做得并不太好，但是经过市场的筛选和淘汰，一定会有一批新的、能适应市场发展的品牌产生。

新的经营模式。以前传统的茶叶品牌除了专卖店模式就是经销商模式，这些传统营销模式相对来说投资都比较大、速度比较慢。而在网络时代，企业多了一个电子商务模式的选择，**这种模式所需的人力比较少、效果比较快、对市场信息的收集和反馈也较快**。

以前的专卖店和经销商模式与消费者之间的沟通多数都是单向的，由企业向消费者传递，而消费者的需求信息很难或者很慢才能反馈到企业决策中心。**在网络时代，这种交流是双向的，不仅企业的信息可以第一时间传递给消费者，而且消费者的需求也可以第一时间传递到企业内部**。这种新的模式也使每个消费者个性化的需求成为可能。

新的客户群体。传统的茶叶消费者多数是中老年人，要么是以前养成的喝茶习惯，要么就是收入相对稳定、时间相对充裕的群体，三十岁以下的消费者比较少。但是**在电商领域，发现了与传统的消费者完全不同的消费群体，这些多是三十五岁以下的年轻人，他们对茶叶知识未必会很了解，他们更关心产品是否有特点、是否便宜、是否方便**。在这方面电子商务无疑为茶叶行业开启了一个全新的市场。

三、电商的营销趋势

电商品牌专注线上。中国电商发展的时间并不是太长，而茶叶电商的时间更短，如果以艺福堂等第一批电商品牌作为茶叶电商的起点，至今也只有 8 年。茶叶电商本来就不是一个传统的茶叶品牌，没有历史的资产也没有历史的负担，所以在电子商务领域可以做得更好。但是线上线下有巨大的差异，如果线上品牌做线下，需要大量的渠道投入，所以线上品牌做线下渠道没有任何优势，基本上可以确定线上品牌会只做线上，不可能进入线下市场。而线上市场，因电商专注于线上渠道，对消费者了解更多，这种线上的品牌吸引力也会更强大。

传统品牌双线作战。对于传统的茶叶品牌来说，进入电商是必需的，但是电商对企业来说是面子工程还是战略工程就得看企业的定位了。现在很多企业还是把电商当作面子工程，并没有在这方面做很多工作，产品没有按照线上消费者的需要进行调整，也没有专门的营销团队去做线上市场的运营。但是未来，传统品牌会更重视线上渠道，资源也会从现在的专注线下转变为线上线下并重。一些实力较大的企业，会形成两条腿走路的局面，而他们经过资源倾斜，将会占领很大一部分线上市场份额。线上的竞争可以从淘宝集市和天猫商城的对比中看出新竞争态势。

平台力量比较重要。茶叶企业的电商之路还是应该借助现有的平台，原因有二：一是现在的电商网站多如牛毛，在以流量为王的情况下，自建网站如何吸引更多的流量，使自己的网站存活下来，这是一个非常大的难题；二是线上消费非常讲究购物体验，现有的平台已经非常成熟，不仅有很好的消费者购物体验，而且消费者购物的保障也非常到位。这些平台建立了强大的消费者消费习惯数据库，能根据消费习惯进行产品推荐，以达到最佳的推荐效果。在这种强大的数据分析基础之上，消费者的购物体验又得到新的提升。这些都是新上线的购物网站很难具备的，而且现在自建电商网站也是一笔不少的费用投入，这对规模还比较小的企业来说，有很大的资金压力。所以在未来的一段时期内，茶叶企业自建网站的可行性不是太大。

电商要建立自己的标准。茶叶推广最大的一个问题就是标准。普通的消费者很难通过自己的知识去辨别产品的好坏和价值，这也是制约茶叶行业进一步发展的核心问题。所以电商要建立一个可量化的茶叶评价标准，让消费者不需要专业的知识就可以分辨什么是好的产品，什么是差的产品，只有这样茶叶行业与电商的配合才能相得益彰。

第二节 跳出电商做电商

茶叶企业千万不要为了做电商而做电商。在近几年的研究中，我们发现很多茶叶企业其实并没有想清楚自己做电商的战略目标是什么。他们只是看到新闻报道，说某某品牌在一个时间段内做到了一个让人惊讶的销售额，又或者别人告诉他们电子商务是必须走的一条路，而且只要做电商，销售额就可以呈爆炸式增长，企业才纷纷开始做电商。但是做了一段时间，很多人发现情况不一样，开始的时候钱是投得不多，但是慢慢做下来，钱也投得不算少，人也用了不少，销量却没有成正比例体现出来。做电商要以客观的心态来做，要跳出电商和茶叶行业来看电商。

不能以投机的心态做电商。很多人认为电商是一个可以快速出销量的渠道，所以纷纷进入。这实际上是一种投机的心态，以这种心态来做电商是很难做好的。实际上我们看做得好的电商，无一不是花了很多时间、精力和资金的。世上没有免费的午餐，付出不一定有收获，但是不付出一定没有收获。现在大量的电商都处于亏损状态，之所以一定要做电商，是因为这是一种趋势、一种战略布局，企业可以不做，但是不做就一定会落后。所以茶叶企业在做电商的时候一定要有持久战的战略准备，心态平和一些，事情自然就会更顺利一些。

低成本已成过去。想当年，网络推广的成本很低，因为那时网络还没有普及，也没有什么人用网络，但现在几乎人人都离不开网络了。作为电商，有需求就有市场，有市场就有竞争，有竞争就会增加成本。根据近来一个大概的数据，在淘宝平台上每花1元的推广费，运营得比较好的品牌也只能带来1.25元的销售收入，可见很多企业在都是在亏本运营的。从淘宝集市到天猫商城，平台不断地修改自己的规则，资源是有限的，能拿到更多的资源当然是大品牌，以前的草根创业平台早已成了大品牌的游戏平台。

合理利用企业网站的作用。企业网站不应该只是一个花瓶，它应该有自己的功能，应该为企业的发展做出应有的贡献。一般来说，企业网站至少应该具备以下三个功能：

首先，品牌宣传的窗口。企业官方网站首先是品牌宣传的一个窗口，很多消费者会通过企业官方网站去了解企业的发展情况、品牌文化和产品信息，网站有足够的空间容纳这些信息，消费者在这里可以很全面地了解公司的情况，建立对企业及品牌的信任。企业官方网站也是一个发布官方信息的平台，网络虽然是方便了大家，但是也有大量的虚假信息存在，如果没有官方网站的正面信息及时发布，网络虚假信息将对品牌造成极其不利的影响。

其次，电商平台的补充。茶叶企业虽然进入了很多电商的平台，电商平台可以带来一些流量，但是这还远远不够。实际上企业在做官方网站的时候应该有意识地把它建成一个可以与电商联动的网站，联动分为两个方面：一是如果企业网站中没有电子商务模块，那么就需要把网站的流量引到自己在电商中创建的店去；二是如果企业网站有电子商务模块，那么就得把电商平台的流量引到官方网站，渠道掌握在别人手中总不如掌握在自己手中好。

最后，搜索推广的基础。虽说现在的电商平台力量非常强大，但是搜索引擎还是会占很大部分。2013 年 8 月 18 日，谷歌多项服务短暂中断数分钟，期间全球网络流量锐减约 40%，由此可见搜索引擎的力量目前还是很强大的。而搜索引擎爬虫抓取的数据基本上都是基于企业官方网站的，所以企业官方网站要尽量展现在搜索的首页上。在这方面多数茶叶企业都没有重视，甚至有些企业在消费者直接搜索名称的时候企业的官方网站都没有在第一条显示，这说明多数企业的官方网站在关键词设置、信息更新、信息关联、内部优化方面都没有做到位。

第三节　茶叶电子商务关键要素

一、线上线下两种运作思路

线下重利润，线上重销量。线下销售覆盖区域比较小，客户数量增长速度比较慢，且各种费用比较高。为了维持线下经营，所以必须要保持较高的毛利率，企业才能正常经营下去。而线上是轻资产运作，基础的投入相对较少，市场的区域性不明显，客户增长的速度很快，所以线上的短期毛利不如短期客户增加带来的销量，为了客户数量甚至要有短期亏损的打算。

线下是产品的体验，线上是过程的体验。茶叶产品在线下销售的时候很重要的一部分就是产品体验，每家茶叶店都会非常热情地邀请客户品茶，客户基本上也是品过后才会购买，所以茶叶在线下的主要体验为品茶。而线上是虚拟的市场，无法直接品尝，线上的主流客户对茶叶的口感并不是很重视，因此产品的直接体验不重要，重要的反而是消费者在购买过程的体验。由于消费者的购买过程是有成本的，并且多数消费者也并不是非常有耐心，如果有一点点的不方便，客户就会流失，所以电商的核心是让消费者在购买过程中有好的购物体验。如产品选择、付款方式、客服态度、物流速度等，每一个环节都会影响消费者的体验，一点儿不足都会使大量的消费者离开，所以做电商对管理的要求会较高。

二、要有适合网络的产品

产品品类要多。电商有两个核心数据：一是流量，二是转化率。流量只能说明很多人进入了店铺，对销售额并没有直接的关系，转化率才是销量的关键指标。有了流量，我们首先要想办法把客户留住，这个问题就得用产品来解决。如果每一个客户我们都可以为他提供其感兴趣的产品，那他在店内的停留时间就长了，停留时间长了，流量的转化率也会提高。所以想要做好电商，产品系列要多是非常重要的，看排名前十的淘宝茶叶品牌，每一个都有非常多的产品品类。

产品价格合适。和线下产品不同，电商的产品价格是比较低的，一般价格都是在一百元以内，一百元以上的产品相对比较少，线下动辄上千元的产品，线上非常少。线上很多是尝试性购买，支付的价格不会很高，而且线上购买的人群年纪偏小，经济能力相对差一些，购买力也就低一些，所以线上的产品价格应该相对比较容易让消费者接受。我们可以看艺福堂和尚客茶品，他们的主销产品基本上都是在一百元以内。

产品设计新颖。电商的包装不需要豪华，只需要简洁方便就行了。但是包装上的设计要尽可能的贴近消费者。我们看艺福堂的产品包装基本上都是非常简单的，大量的包装采用同一个模具，这样成本相对较低，也能满足需求，并且包装的画面设计也非常适合年轻人的审美观。从包装我们可以看出，他们的经营思路是尽可能降低成本，降低价格，给消费者更多的实惠。

三、网络流量为王

就像线下专卖店的销量来自于门店的客流一样，**电商的销量来自网络的流量，流量是一切的基础**。为什么各大浏览器都在做主页的导航页面，那是因为控制了导航页面，就控制了网络流量入口。而做电商，明白流量来自哪里是非常关键的。

没有推广就没有流量。现在不管是在平台里做电商还是自己做电商网站，没有推广是一定没有流量的。一般推广可分为两种：一种是收费的推广 ，另一种是免费的推广。收费的推广主要是平台的各种活动，如淘宝的直通车、聚划算、首页展位等，免费的推广如产品关键词的设置、论坛的发帖等。但是推广活动一定要建立在运营比较成熟的基础之上，因为如果自己的运营能力比较差，那流量转化率就会比较低，这样推广费用的投入产出比也会比较低。做推广之前必须建立一个较好的运营系统，这样在推广的时候才能非常有效地把流量转化为销量。

四、一代人做一代人的事

经济在发展，科学在发展，思维在发展，行为也在发展。有句话说得好：“70 年代的就想加班，80 年代的就不想加班，90 年代的就不想上班!”虽然这是一句玩笑话，但是却很深刻地说明了不同年代人的区别。

要知道目标客户是谁，就得知道他们是怎么想的、需求是什么、消费习惯是什么，只有了解了这些，才能找到符合他们需求的产品和服务，才能让他们认同品牌文化，从而成为忠实的消费者。

但是因为不同年代的人所接受的教育、身处的社会经济环境都不一样，所以不同年代的人的思维和做事的方式差别也很大。目前**电子商务的主要目标客户是年轻的新生一代，要了解他们，最好的办法是让年轻人去了解年轻人，因为他们处在同一个时代，他们的生活方式、消费习惯、价值观都是相似的，这样电子商务才有机会发展得更快**。我们现在看到处于淘宝销量前列的茶叶品牌几乎都是80后创立的。

70后要做稳定的事情。70后年纪相对大些，性格也比较沉稳，做事情比较认真可靠，这样的人更适合生产、供应链、财务等变化性小一些的工作。这样更能保障企业的稳定，让企业能在市场变化的洪流中不断稳定前行。

80后、90后要做灵活的事情。80后、90后更注重个性的表达，更讲究生活的享受，这类人员适合做与客户直接沟通、市场策划等运营工作。

当然，这些不是绝对的，各个工作岗位的情况也不能以年龄来衡量和判断，但是做电子商务的团员一定要整体年轻化，这样才有利于企业与消费者打成一片，才有利于企业在电商领域的发展。

第四节　茶叶移动互联网前景

一、茶叶的移动互联机会

除了网络的电商，近年来的移动互联网，也存在大量的机会，很多企业在利用微博、微信及 APP 应用程序进行营销推广以及建立与消费者之间的密切联系。2012 年，微博用户数量超过 3 亿，据新浪、腾讯、搜狐微博公布的数据，如今在这几大网站上注册的企业/机构微博用户突破 5000 万，加上实名认证的企业/机构员工，已突破 2 亿。微信一年多的用户就超过 2 亿，到目前为止，微信用户已超过 4 亿。

微博具有媒体特性。对微博的媒体特性诠释得非常好的一段话是："当您的粉丝超过 100 个，您就是一本内刊；当您的粉丝超过 1000 个，您就是个布告栏；当您的粉丝超过 1 万个，您就是一本杂志；当您的粉丝超过 10 万个，您就是一份都市报；当您的粉丝超过 1 亿个，您就是中央电视台了。"

传统的媒体都掌握在别人的手中，而微博的出现让企业有机会掌握自己的媒体发言权。几个在电商领域做得不错的茶叶品牌，如艺福堂官方微博的粉丝约 13 万个，尚客茶品只有 5 万个粉丝，传统的茶叶强势品牌天福茗茶几乎可以忽略不计，八马茶业官方微博的粉丝不到 7 万个，竹叶青茶业官方微博的粉丝不到8万个。新浪微博上粉丝数最多的是上海茶叶有限公司，截至2013年9月，其微博粉丝数也不超过20万。开通两年多的时间里总共发布了725条微博，平均每天不到一条，从这个数据来看，这里面有很大一部分是僵尸粉。而立顿红茶的官方微博粉丝数量截至2013年9月粉丝数量近45万。从这两个数据我们可以看出国内茶叶品牌与国际茶叶品牌在微博营销方面还是有差距。快书包是随着新浪微博成长起来的标兵，微博为其网站带来近1/3的流量和40%的业务订单，这让很多企业羡慕嫉妒恨，但是由此也可以看出做好微博营销也能获得很好的效果。

微信主要体现客户服务。微信5.0虽然打通了整个微信的生态圈，但是对企业却提出了更高的要求。如果企业的服务不是消费者感兴趣的，那么到达率将会非常低。将微信公众平台分为订阅号和服务号，我们从此可以看出微信公众平台的定位更倾向于被动的服务，几个做得好的微信案例如招商银行、南方航空也都是服务型的。如果企业的信息和服务是客户所需要的，用户自然会关注。而对茶叶行业来说，微信平台有更大的发展空间。因为茶叶行业的特性决定了茶叶产品和知识的多样化，消费者需要了解更多的信息，而微信是一个非常好的沟通平台，利用好这个平台能够与消费者建立非常稳定的关系。

2012年8月，星巴克顺应微信营销的大潮，开通了微信公众账号，用户通过搜索或扫描二维码就能把关注它。其实这并非什么新鲜事，但有趣的是接下来的互动，用户只需选择一个表情符号发给星巴克，就会立刻收到星巴克的回馈惊喜——接收到代表不同心情的音乐。

APP是通过应用程序来开展营销工作。2012年9月，星巴克推出了一款别具匠心的APP闹铃，用户在设定的起床时间闹钟响后，只需按提示点击起床按钮，就可得到一颗星，如果能够在一小时内走进任何一家星巴克门店，就能买到一杯打折的咖啡。这款担当品牌推广与产品营销双重重任的APP是星巴克众多案例中的经典之作。茶和星巴克咖啡有很多共同点，而到现在为止茶叶企业还没有一个APP应用问世，茶叶行业在APP应用程序方面还有很多机会可以利用。

二、大数据时代的茶叶行业

最早提出“大数据”时代到来的是全球知名咨询公司麦肯锡，麦肯锡称：“数据，已经渗透到当今每一个行业和业务职能领域，成为重要的生产因素。人们对于海量数据的挖掘和运用，预示着新一波生产率增长和消费者盈余浪潮的到来。”

大数据是继云计算、物联网之后IT产业又一次颠覆性的技术变革，它将对国家的治理模式、企业的决策、组织和业务流程、个人生活方式产生巨大的影响。

大数据到底有多大？一组名为“互联网上一天”的数据告诉我们，一天之中，互联网产生的全部内容可以刻满1.68亿张DVD；发出的邮件有2940亿多封（相当于美国两年的纸质信件数量）；发出的社区帖子达200万个（相当于《时代》杂志770年的文字量）；卖出的手机为37.8万台，高于全球每天出生的婴儿数量37.1万……

马云告诉我们，淘宝网一共有800万中小卖家。2012年，淘宝网和天猫商城的交易额突破10000亿元。2010年，淘宝网的注册用户就达3.7亿，截至2012年12月，支付宝的注册用户突破8亿，日交易额峰值超过200亿元人民币，日交易笔数峰值达到1亿580万笔。

也许很多茶叶企业看到这些数据会认为和自己没有太大的关系，但事实上，大数据离茶叶行业并不遥远。从淘宝网的数据来看，仅淘宝网就积累了海量的消费者消费数据，而这里面有很多是和茶相关的。

茶叶企业在大数据时代做什么，这是需要明确的。提前把这个问题想清楚了，跟上时代发展的脚步，才不会被时代淘汰。

首先，要有大数据的意识。茶叶行业一直是一个科技含量比较低的行业，对客户的管理和数据统计一直是比较弱，也很少有企业领导人把消费者的数据统计分析作为一个重要的工作去抓。但是在网络时代，消费者几乎所有的行为都会被记录下来分析，而企业可以根据这些数据推荐适合消费者的产品，所以企业领导人和员工都应该具有大数据的意识。

其次，企业要建立数据收集分析的基础。茶叶企业的数据收集分析是比较落后的，在网络这么发达的时代，多数企业的营销数据还做不到随时可见，数据更得不到及时分析。现在开始可以做一些数据的基础工作，从建立一个简单的门店管理系统、客户关系管理系统开始，把消费者的数据收集并进行整理，以便做出更为科学的决策。

最后，企业应该充分利用一些大数据平台。现在的淘宝网、京东商城、360 浏览器、百度都有大量的网民上网习惯和消费习惯的数据，我们要学会利用这些数据。一些比较优秀和有实力的企业，可以和这些平台建立长期战略合作关系，用数据指导自己进行市场运作以及产品研发。用大数据时代的思维去做茶叶市场，将成为整个茶叶行业的历史突破。

【第9章】

人才是成败的关键

第一节　组织是战略的保障

一、从作坊到企业管理

茶叶企业多数是从小作坊开始做起来的，但是很多从小作坊发展为正规企业后，企业的形是有了，但内容还是小作坊的内容，企业运作的方式还是小作坊的运作方式，为什么说还是作坊式的呢？从以下两点表现可以看出来：

第一，企业只关注眼前利益。很多茶叶企业有企业的名称，也有品牌，但是没有企业应该有的长远规划，所有的经营行为都是短期的。在这种思维模式下，有些经营行为甚至可能导致矛盾的决定，经常出现的状况就是销售政策不统一，不考虑未来长期的市场管理，只注重某一次某一个客户或者某一单的行为，能赚一点是一点，这样对未来的工作带来很大的不便。虽然这种企业越来越少，但是内外矛盾的行为还是会经常出现，内部的管理、外部的政策经常是一日一变，这种行为就是小作坊的行为。

第二，事无巨细，决策取决于老板。企业虽然明确各组织、各岗位的职能，但是在具体的工作中却并不如此。所有的事情都得由老板来决定，其他的人没有决定权。一些企业稍好些，但基本上也是所有的人在工作过程中都不是按部门、岗位的要求去工作，有事情就干，也没有具体的重点工作，这也是作坊式的工作习惯。

其实对于茶叶企业来说，企业化管理并不一定像大型企业那样建立一个非常规范的工作流程，有很多部门、岗位和很多流程文件，这大可不必。企业的规范管理是一个逐渐建立的过程，只需要和企业所处的阶段相适应就可以了。一般来说，在企业管理的初期要达到以下三个目的就可以了。

首先，企业应该有很清晰的目标。通常企业会设定几年的战略规划，茶叶企业虽然在刚开始的时候未必能做到，但是可以设定一个相对比较科学合理的工作目标。这个目标不只是销售目标，还包括保障目标实施的资源配置。有长期的目标是企业管理和小作坊式管理的重要区别。

其次，所有的工作都有具体的岗位对应，临时性的工作也会根据工作的性质对应到相应的岗位。日常的工作都清晰有条理，但是这并不需要大量的工作岗位，工作清晰和岗位众多并不是一回事。如果企业有很多岗位，但是工作并不清晰，那也是作坊式管理；如果人不多，但是岗位职责非常清晰，每个人都知道自己应该做什么，要和哪些部门和岗位进行工作衔接，这是一个规范的企业管理。

最后，有相应的管理规范。有时候有管理制度并不表示这家企业是一个管理规范的企业，管理规范不仅要有，而且要得到很好的执行，这样才能算是一个相对比较规范的企业管理体制。

二、组织是战略的保障

“搭班子、定战略、带队伍”，这是柳传志著名的管理三要素。把“搭班子”放在最前面，由此可见组织的重要性。实际上“搭班子”就是一个组织建设的过程，柳传志的“搭班子”并不是指整个企业的组织，而是指核心团队。对茶叶企业而言，“搭班子”意味着建立一个比较科学的组织系统。

战略是组织的前提。组织是为战略服务的，所以先得清楚企业的战略方向。例如八马茶业的战略定位是商政礼节茶，那么它的战略是通过专卖店建品牌和礼品定制性利润来实现的，所以八马茶业组织的重点在专卖店和礼品茶定制方面。如果企业的战略是从区域走向全国，那么企业的组织也得和战略相适应，建立一个外向拓展型的组织。

组织的功能要合理。茶叶企业从作坊转向企业规范管理，建立品牌。这需要有合理的组织。例如有的区域性的茶叶企业，它的核心销售来自于区域内机关单位的团购，但是却连一个团购销售部门都没有，市场拓展很多时候都需要董事长或者总经理亲自出面，公司的工作人员只是一个送货员和收款人员而已。另一些企业对品牌非常重视，非常重视产品的包装和品牌的宣传，但是却没有负责这些工作的市场部门，这些具体的工作一般都由老板负责推进，但是老板往往比较忙，所以很多时候这些工作都是断断续续的，工作持续性非常差，常规的工作也没有具体的人去干。所以企业在设置组织的时候要把各种工作都考虑在内，根据工作量去设定岗位和人员，并在满足要求的情况下，尽可能地减少人员费用支出。

工作流程要清晰。企业越来越大，部门多了，人员多了，工作推进不能像以前那样靠关系、靠口头传递，而应该按流程去推进，规范好各个关键流程及环节，不以某些人的个人意志为转移。流程设定要简单科学，要让每个人都清楚流程的环节，这样才不会出现工作混乱和不协调的状况。

管理制度简单可行。并不是一本本的管理制度摆在那就是好的企业管理，有制度不执行也是没有意义的。茶叶企业多数还在比较初级的阶段，管理制度太多并不一定是好事。管理制度简单可行就可以了，关键是要得到执行。

用绩效来引导工作。管理制度是强制性的要求，企业应该通过绩效来引导员工工作。企业的工作重点是什么，就奖励什么，这样大家就会同心协力。现在企业里一般只有业务部门才会有业绩奖金和提成，其实在企业发展过程中可以让企业业绩与员工利益相关。只有每个人都认真做好了自己的工作，企业的业绩才能好，企业业绩好了，员工个人的收入才会有提高，这样才能有一个良好的工作氛围。

三、茶叶企业市场部的作用

为什么会单独介绍茶叶企业的市场部？因为很多茶叶企业并没有这个部门，就算有，职能也不清晰。每家企业都会有销售部门，因为这个部门很重要，这是一个可以赚钱的部门。相反，市场部是一个花钱的部门，所以很多企业没有特别重视，认为有没有并不是太重要。事实上，如果说销售部是企业的手脚，可以出去赚钱，那么市场部就是企业的大脑，它指挥手脚如何去赚钱、如何能更容易赚到钱，因而市场部的重要性是毋庸置疑的。茶叶企业的市场部到底有哪些作用，如何体现部门的重要性呢？

第一，企业整体营销规划。市场部有组织各部门进行年度营销工作计划的职能，需要对计划涉及的各部门工作进行统筹协调，以确保企业整体营销规划的执行和目标实现。一般而言，这种工作会在年底进行，市场部根据企业的战略规划确定下一年度的营销策略，各部门根据营销策略制订自己部门的工作计划。

第二，企业品牌管理。根据企业的品牌定位确定每年的品牌宣传策略，并制订相应的工作计划，与外部广告公司、媒体、物料制作公司进行对接，确保品牌宣传活动顺利进行。同时对品牌宣传活动进行评估总结，确定适合企业品牌发展的宣传方式。

第三，促销活动规划。根据企业的发展和市场需求，确定企业的整体促销活动计划，并对销售部门的活动执行进行监督。对区域市场促销活动进行审核，确保区域市场活动的合理、有效。活动结束后进行评估，以确定活动的有效性。

第四，展会规划及执行。茶叶行业经常需要参加各种展会，这些准备工作由市场部负责。要不要参加展会要有一个合理的评估手段，确定参展后应该制订参展计划，并组织各部门进行展会的准备工作。由市场部门负责展会的现场执行，展会结束后进行评估。

第二节 把团伙变为团队

一、让大家有共同的目标

茶叶是很容易把大家聚在一起的一个产品，只要接触时间长了，基本都会爱上茶，所以茶叶行业是一个比其他行业更容易统一目标的行业。

共同的目标是什么。共同的目标有些人认为是愿景，这有一定的道理，但是不全对。企业的愿景是企业比较长远的目标，也可以说是一种理想。如果企业能用愿景统一所有的员工固然好，但是现在的人都讲究个性，所以企业很难完全用愿景来统一大家的目标。事实上企业应该把愿景缩短为一个短期可以达成的目标，而这个目标是和企业员工目标基本是一致的，这样才能形成合力。例如很多做茶的员工都想自己开店，那么就可以给这类人设定一个目标，做到什么样的程度，企业就可以投资开一家店，实行股份制，企业和个人各占一定的股份，这样大家就更有干劲了。

如何实现共同的目标。实现共同的目标当然靠大家的努力，企业应该制订具体的工作计划和提升员工能力的计划，定期培训员工。企业对这些工作进行考评，建立公正、公平、公开的竞争环境，让每个人都有机会实现自己的目标，这样才能真正调动他们的积极性。在这个方面海底捞就做得非常好，从2003年7月起，海底捞实行了“员工奖励计划”，给优秀员工配股，以西安东五路店作为第一个试点分店，规定一级以上员工享受纯利率为3.5%的红利。2005年3月，又推出第二期“员工奖励计划”，以郑州三店作为员工奖励店，给优秀员工配股。并且经公司董事会全体董事一致同意，从郑州三店开始计算，公司每开办的第三家分店均作为员工奖励计划店。

如果企业可以设定一个很清晰的共同目标，又有实现这个目标的具体工作计划，那么就可以把所有的员工牢牢地聚集在一起，集合他们的聪明才智，创造新的奇迹。

二、建立内部客户导向意识

企业很容易把客户服务好，“客户就是上帝”在茶叶行业能得到很好的验证。**在每一家茶叶专卖店里，顾客都能得到非常热情而周到的服务。**迷人的微笑，飘香的茶，不管你买还是不买，服务都是一如既往。但是在企业内部，部门之间、岗位之间的关系却不像企业与客户之间的关系那么融洽。现在有很多部门互相抱怨、不配合、拖延工作。企业应该把“客户就是上帝”从外部也引入到内部来，建立一个内部客户体系。

内部客户体系是企业内部业务流程将后一个环节视为自己客户的做法。以前很多人在内部都是帮忙的心态，别人是流程的后一个环节，那在前面的这部分就是为你帮忙的。

例如仓库的发货，销售人员确定要货后需要仓库备货和发货，但是很多时候仓库的人认为这是销售工作，自己只是给销售人员帮忙发货而已。这样的例子很多，这种心态使后一个环节的人员心里非常不舒服，使得正常的工作推进速度非常慢。

打造内部客户导向，实际上就是改变心态，建立内部责任和服务意识，上一个环节的工作要让下一个环节的人满意，这样才是以内部客户为导向的体系。

内部客户导向需要用制度去管理，任何一个工作都很难靠员工自觉自愿去完成，因此必须要有相应的制度管理规范来保障。企业应该首先在理念上提倡内部客户服务的意识，其次在考核时加入工作前后流程的评分，这样才能建立内部客户体系，让每一个员工都有一种为客户服务的意识。通过这种内部客户服务的引导，最大限度的发挥各岗位的作用，使整个企业形成合力，达到“1 +1 >2”的效果。

第三节 如何培养营销团队

任何决策都需要人去执行，事情能不能做、能不能做好，关键都取决执行的人。最近几年在各大企业流行的执行力培训，也正是因为企业家发现了目前企业发展的一个问题，执行力不强。对于营销工作来说，人的问题更是重中之重，一个好的业务人员每天两小时的工作可能比一个新手工作一周的效率还高。但是如何提高营销团队的工作效率一直困扰着企业领导人，特别是茶叶企业的整体营销水平相对较弱，人员素质偏低，对业务人员快速培训的实际需求更为明显。其实对于新人的培养来说，只要能做好以下五点，新人就能变为老手了。

第一，全面的职前培训。在实践中，我们发现多数企业在招聘新员工时，对职前培训不够重视，新员工一问三不知，不知道企业情况、产品信息，不知道客户拜访要求，不知道销售政策，所有的信息都需要新员工自己去了解。这样前期学习的过程就很长，降低了工作效率。茶叶企业要尽可能缩短这个学习过程，要对新员工进行全面的培训。培训内容包括企业发展历程、企业文化、企业发展规划、企业营销模式、产品知识及卖点、企业流程和管理制度、行业发展及区域竞争和销售技巧等。在对新员工进行培训后还应该安排考试，以确保培训的效果。

第二，科学的工作计划。目前多数企业很不重视营销人员的工作计划，一般只有一个销售计划，但是没有具体的工作计划。其实对于营销人员来说，具体的工作计划比年度或者月度销售计划更重要，因为他们更应该知道怎么去，而不是去哪里。所以营销人员一定要做好月计划、周计划和日计划，在计划中不仅要体现对销售目标的分解，还要体现客户开发的数量、客户拜访的频率、市场调查情况及个人学习计划。一个好的计划能让业务人员的目标更清晰，同时也能反映业务人员的作业路径。对于企业来说，帮助新员工做好科学的工作计划，是有效提高工作效率的手段。

第三，师傅的言传身教。在执行力不好、团队建设较差的企业中经常可以听到这样的说法："这些人素质太低，水平太差，不听从管理。"其实每个人在说这话的时候都应该好好想想出现这种现象的原因。俗话说："没有不好的员工，只有不好的上司。"员工的表现通常都是领导行为的另一种表现。领导要反思自己是不是以身作则了，有没有对员工进行言传身教。日本企业的一个显著特点是执行力强，他们的模式就是师傅带徒弟的方式，通过师傅在日常工作生活中的言传身教来影响徒弟。实际上茶叶行业也是如此，在行业整体水平较为低下、个人学习能力不强的情况下，以师傅带徒弟的方式去培养新员工，是比较理想的方法。

第四，及时的工作总结。很多人都期望对员工的行为进行全程监控，认为这样可以确保工作的结果，这种做法也许有一定的道理，但是对于营销人员来说，要掌控过程几乎不可能，这也是为什么营销人员难管理的根本原因。实际上，对于营销人员工作的过程管理更多的应该体现在工作总结会中。对于新人，每天都会遇到很多问题，有些问题是可以解决的，而大多数问题是自己无法解决的。如果每天都能开一个工作总结会，对团队中每个成员的工作进行分析，每个人都进行总结，做得好的其他成员可以借鉴，做得不好的，领导也可以告诉解决方法，这样就可以避免下次再做不好。

第五，完善的考核体系。不管花多少心思去培训新员工，总会有一些人因为惰性，没有积极上进心，致使学习效果差，工作效率低下。这种情况很难避免，为了确保新人在工作过程按要求办事，必须有完善的考核体系。例如要求营销人员每天必须拜访二十个客户，必须有每个客户的完整资料和拜访记录。同时不定期对营销人员的拜访过程进行抽查，如果信息不真实，则对相关营销人员进行处罚，并予以公示。虽然考核的方式很多，但主要还是通过目标（业绩目标、过程目标）进行考核，再根据实际情况进行调整。

通过以上五个步骤，可以建立一个良好的人才培养体系，使新人在较短的时间就可以成为老手。营销人员的工作效率得到明显的提升，企业的业绩增长也就指日可待了。

第四节　文化的力量

一、茶叶企业文化误区

企业文化不等于老板文化。我们看到每家茶叶企业的网站里都会谈到品牌文化的内容，但是这些内容很少是企业实际的文化内容而更多是老板文化，老板的性格是什么样的，老板做事情的方式是什么样的，企业的文化就是什么样的。企业文化有一个核心组成部分是老板文化，但是老板文化并不能完全代表企业文化。企业文化应该是能得到绝大多数人认可，并能激发员工正能量的思想和行为习惯的总和。

茶文化不等于企业文化。做茶离不开茶文化，茶文化源远流长，这让每家茶叶企业都会或多或少吸收并传播一些茶文化。但是茶文化并不是企业文化。茶文化是整个茶叶行业的文化，不是一家企业的文化，消费者感受到茶文化也无法与企业对应起来。企业文化应该是员工、消费者都可以感受到的一种精神，一种行为准则。茶文化虽也会有这些内容，但却不是企业所独有的，所以茶文化不能等同于企业文化。

企业愿景不等于企业文化。有些人认为，企业愿景就是企业文化，其实这也不对。企业愿景更多的是企业的理想，理想和文化是不一样的，例如中国共产党建党的时候，愿景是建立共产主义，而共产党的文化更多是体现在为人民服务方面，所以说愿景不能代表企业的文化。企业文化和愿景会有一定的相关性，但并不是完全一致的。

其实，茶叶企业的企业文化未必要像大型企业那样做得很正式，也未必要完全成文，在企业发展过程中也会有不成文的、暂时性的文化。但是这种文化应该得到大家的认可，并可以指导员工行为，同时能让消费者感受到的一种积极正面的精神和力量。

二、企业文化是如何产生的

管理界有句俗话："三流的企业人管人，二流的企业制度管人，一流的企业文化管人。"企业文化的重要性不言而喻。但是文化是一个非常虚的东西，它不像渠道，很容易就可以看到，有多少家店一目了然。文化是看不见摸不着的，但是又是无处不在的。要建设企业文化，要先知道企业文化是怎么产生的。通常来说，企业文化有以下三个产生途径。

第一，老板性格特征。企业老板作为企业的创始人，在企业初创阶段就灌输了强烈的个人感情色彩。不管大企业还是小企业，都有很强的创始人印记，例如阿里巴巴的武侠文化，华为的狼性文话。茶叶企业多数还未形成系统的文化，但是老板的印记却非常明显，纵观茶叶行业，还没有哪家企业脱离这种现象。

第二，员工自发形成。员工自发也会形成一定的文化。有些企业管理相对比较人性化，在长期的工作过程中，员工养成了一种懒散的文化。每个新人来了，这个习惯都会像传染病一样的传染给新同事。也有一些比较好的，例如有个初创不久的公司，员工年纪相当，背景相似，他们多数有强烈的求知欲和进取心，所以经常在一起探讨知识和技能，这样就在企业里形成了一种积极向上的文化。但是这种员工自发形成的文化积极性容易丢失，而消极的容易保存下来。

第三，企业有意引导。有些企业在发展过程中发现了文化的重要性，因而积极引导员工的行为，通过奖励好的，惩戒坏的，以此建立适合企业发展的文化。

企业文化要基于企业的实际情况，一步步来，不要想一步到位，在发扬现有好的文化的同时进行企业文化的提升。

三、文化是潜移默化的力量

文化就像雨水，润物细无声；文化就像空气，你看不见它，它却无处不在，你以为你不需要它，但它却是必需的。很多茶叶企业还处于初创阶段，这时候建立一个好的企业文化对企业的未来发展有很重要的作用。

企业文化建立企业的道德。如果说制度是法律，那么文化就可以说是道德规范。制度是基本的要求，文化则是更高标准的约束。制度随着企业的发展而变化，而文化有一个规范，只有少量的调整，不会有太大的变化，**在企业发展的历程中，文化更有延续性。**一个社会在没有法律的时候就有道德的约束了，一家企业也应该如此，先有道德，再有规范。

企业文化指引员工的行为。制度通常是强制要求的，而文化是自觉遵守的，通过文化指引员工的行为会更容易。文化是个人在群体中遵守群体行为准则的一个过程，这个过程首先是受到环境的影响，然后才变成个体的行为标准，最后成为习惯。所以企业文化对员工行为的影响非常大，如果我们没有建立良好的企业文化氛围，那么就得花很大的力气去改变员工的不良行为，这样企业的成本会非常高。

文化能将企业价值传递给客户。文化既然是企业的道德准则，那么就一定会在员工的行为中随时出现。这样员工在与客户交流的过程中，客户一定能感受到企业文化。好的企业文化，能把客户都吸引过来，而坏的企业文化，则会使客户远离企业。

文化是企业能否基业长青的关键。宗教能延续几千年，依赖的核心就是文化，这种文化不断地有人走近、学习、实践、传递，由此生生不息几千年。没有文化的企业很快就会被市场淘汰，茶叶企业有其他行业不具备的文化优势，即茶文化，如果能把企业文化与茶文化进行有效的嫁接，那么企业文化将得到一个很好的提升，企业的影响力也会随着文化的传递而越来越强。

博瑞森管理丛书

更多实战好书，请关注“**博瑞森图书直营店—淘宝网**”

http://qiyeshudian.taobao.com/

宋新宇博士『简单』系列	 让管理回归简单 （升级版） 从目标、组织、决策、授权、人才、自我管理出发，提出最实用的解决方法	 让经营回归简单 （升级版） 从战略、客户、产品、员工、成长和经营管理者入手抓住企业经营的关键	 让用人回归简单 深度剖析用人的原则、难题、误区、方法，以及用人者的修炼，解决企业的用人难题
 7个转变，让公司3年胜出 李蓓　著	在消费者主权时代，从生产、营销、服务到组织管理，给出企业转型升级的具体操作路径	 升级你的营销组织 程绍珊　吴越舟　著	本土第1部营销组织实战专著，用有机性的营销组织力代替“营销能人”，打造战略统一、策略灵活、执行力强的高绩效营销队伍
 边干边学做老板 黄中强　著	一位创业20多年的民企老板的肺腑之言，带给老板86个实用忠告	 产品炼金术 史贤龙　著	告诉你打造畅销品的新思维与好方法
 卖轮子：选择最佳营销方式 【美】杰夫·科克斯等著	从新产品上市到市场成熟和企业转型，一个故事轻松把握营销精髓	 涨价也能卖到翻 【日】村松达夫　著	让每个顾客在你的产品上、在你的店里掏出更多的钱，让你的东西涨价也能卖到翻

续表

公司由小到大要过哪些坎 卢强　著	能长大的企业是有规律可循的，会依次经历试错、突围和转型 3 个阶段，让企业看清位置，并对接下来的路有所了解	成为优秀的快消品区域经理 伯建新　著	掌控市场 + 内部管理 + 常见误区 + 工具箱 + 自我提升，37 个“怎么办”全面系统分析区域经理的工作关键点
华夏基石方法：企业文化落地本土实践 王祥伍　谭俊峰　著	作者 10 年积累、原创方法、一线资料，毫无保留奉献，是企业文化落地真正有洞察力和实操价值的一本书	跳出同质思维，从跟随到领先 郭剑　著	有效的思维框架和工具、66 个企业案例深度剖析，帮助企业突破行业长期思维惯性，发现大片蓝海
传统行业如何用网络拿订单 张进　著	国内第 1 部针对中小企业的网络实战指导图书，作者以自己 10 多年的网络营销经验和研究积累为基础，为你带来最具实战性的建议	用流程解放管理者 张国祥　著	国内第 1 部针对企业的流程管理实战图书！实现流程管理从无到有、从有到全

书名及作者	内容简介
中层领导力 【韩】崔秉权等著	帮助中层管理者认清自身管理上的不足，快速提升领导力，更好地激发团队工作热情，实现下属、自身、企业的多赢
使命　驱动企业成长 高可为　著	企业的兴衰成败可以用一套经营逻辑和管理逻辑来解释，这套逻辑的起点和实践就是使命。这是中国第一部系统探讨企业使命的书
总部有多强大，门店就能走多远 IBMG 国际商业管理集团　著	像沃尔玛、家乐福一样，掌控千家门店，成就零售帝国
高员工流失率下的精益生产 余伟辉　主编	本书是国内第一部融汇西方先进管理模式，结合中国本土社情和企业实际，综合介绍精益管理推行过程中如何应对和改善员工流失的里程碑式专著
采纳方法：破解本土营销 8 大难题 朱玉童　著	新观点、新思维、实践案例，系统全面归纳总结、提供切实方法，各个击破解决营销难题
采纳方法：化解渠道冲突 朱玉童　著	立体介绍渠道冲突的现象、原因、解决方法及渠道管理的观点、工具、非常具有实战性。形式上创新、情景化，带给读者阅读的愉快感

续表

书名及作者	内容简介
我们的营销真案例 联纵智达研究院　著	本书精选和系统阐述了 5 个专经营销咨询 16 年的联纵智达公司的真实营销案例
用数字解放营销人 黄润霖　著	从营销中的各个问题出发，教会读者如何运用“营销的数字技术”，并能够运用公式和真实可见的数据赢得市场和管理团队
麻烦就是需求，难题就是商机 卢根鑫　著	通过从顾客身上不断发掘顾客真正强烈的价值需求，选择合适的产品载体，帮你挖掘出市场真实需要的商机
本土化人力资源管理 8 大思维 周剑　著	立足中国本土实践，针对民营中小企业的独特的人力资源问题提出了一个系统、实用的新理论，从实际出发，帮助中小企业重新认识和解决企业中人的问题
用流程解放管理者 2 中小企业规范化管理 张国祥　著	规范化管理不再是大企业的专利。张国祥老师将企业规范化管理的各个方面系统地讲述出来，为中小企业的规范化管理指明方向，值得广大中小企业借鉴
阿米巴经营的中国模式 李志华　著	阿米巴经营理论来自于管理学泰斗稻盛和夫，本书将该理论进行了中国本土化的发散和拓展，形成一套专业完整的体系，具有很强的工具性及学术、实战价值
集团化人力资源管理实践 李小勇　著	系统性阐述了集团化人力资源管理方面的内容，适合集团企业的人力资源专业人员阅读学习
老板、经理人双赢之道 陈明　著	从企业家和经理人尤其是“空降经理人”共生的角度出发，发现问题、化解矛盾，让沟通变得简单、透明，让双方实现共赢
走出薪酬管理误区 全怀周　著	本书梳理了薪酬体系构建中常见的 8 个误区，针对这 8 个误区，分别给出分析和解决方法
企业文化的逻辑 王祥伍　著	从这部书里，可以透彻了解文化、了解企业文化的根源，同时又不是高深和脱离实际的学术观点，读者会从中获得知识、得到点拨，或是感叹原来如此
快消品营销与渠道管理 谭长春　著	本书立足快消品行业，帮助老板、营销总监、区域经理等各层管理者解决自己日常涉及的员工管理和渠道管理事务
招招见销量的营销常识 刘文新　著	全面解开你的销量之谜，读完本书，你的每一个营销动作都可以提高销量、降低成本
回归本源看绩效 孙波　著	企业对于绩效管理的应用可能进入了神秘化和技术化的误区，本书回归绩效管理的概念和本质，梳理绩效与企业经营的关系
企业文化激活沟通 宋杼宸　安琪　著	企业文化对于组织沟通状况的影响是根本性的。本书系统阐述沟通与企业文化的关系，帮助企业构建提升沟通效能的企业文化解决方案
华夏基石方法：人才评价中心（超级漫画版） 邢雷 朱军梅 郑雪琴 张小斐著	国内第一本用漫画形式书写的人才测评专业书籍
企业二次创业成功路线图 夏惊鸣　著	本书是对企业发展中的一个具体阶段的思考，即从机会主义转向战略成长过程中的经营和管理问题的梳理
车间人员管理那些事儿 岑立聪　著	本书是作者十余年制造业员工管理工作的一线实践案例，作者用细腻平实的语言，讲述了自己在处理各种“疑难杂症”方面的经验和方法

续表

博瑞森行业丛书	
书名及作者	内容简介
白酒营销的第一本书 唐江华　著	国内第1部白酒营销实战指导图书,帮你打开白酒营销大门
白酒经销商的第一本书 唐江华　著	第1部写给白酒经销商的实战全指导,为你答疑解惑
食用油营销第1书 余盛　著	从食用油的概况入手,小包装食用油的营销常识、品牌战略、营销方法,以及细分品类分类营销手段
乳业营销第1书 侯军伟　著	乳业营销的第1本书!从区域性乳品企业的实际情况出发,捕捉到他们最大的特点和现实中存在的关键问题,梳理出一条清晰的脉络,并提出了明确的解决方法
新医改下的医药营销与团队管理 史立臣　著	本书立足最新医改政策的解读,提供丰富的本土企业实践案例,为民营企业指明方向,提供变革之路,以及具体的方法措施
农资营销实战全指导 张博　著	农资营销实战的第1本书!如何找到提高销售效率和服务价值的营销模式是整个农资行业的重要命题,而本书就为您提供了完美答案
精品银行管理之道 崔海鹏　何屹　主编	本书提出打造精品银行是中小银行发展的战略选择,并从产品、业务、经营、客户、风险、团队等多个角度入手,全面又贴合实际地为读者提供行之有效的方法
建材家居营销实务:新环境、新战法 程绍珊　杨鸿贵　主编	站在营销模式创新的角度,为行业、企业营销开辟了一条新道路,并提供了具体的操作方法与参考案例供读者切实学习使用
农产品营销实战第一书 胡浪球　著	农产品实战营销的第1书!立足本土,33个核心问题配合生动案例,农产品营销盈利不再难
医药营销与处方药学术推广 马宝琳　著	作者用平时的语言、轻松的笔触、原创的模型和亲身操作的成功案例,为大家讲述处方药医学策划如何让"平民产品"变成"明星产品"
新医改了,药店就要这样开 尚锋　著	中小型药店如何确定未来方向?如何立足于自身现有优势,分析或挖掘市场生态和需求?如何在竞争激烈的市场谋求突破和实现稳步增长?本书给你答案
零售:把客流变成购买力 丁昀　著	本书立足于本土实践,从整个行业的角度出发,分析业态特点,提出行业转型升级之道,并辅以大量实际案例,分析具体方法。零售行业必看的一本书
中国茶营销第一书 柏龑　著	本书扎根行业,各个击破,在茶叶营销独具特色的各个方面深入浅出的为读者提供具体方法

博瑞森管理丛书
征稿启事

当中国和中国企业崛起成为全球共识,本土管理咨询、管理研究与创新正随之兴起。

谁是中国企业最信任、最渴求的管理专家?

何种管理思想、方法更适合当下中国企业?

博瑞森图书联合国内诸多管理专家、专业媒体、出版社向本土管理咨询师、企业管理者、管理研究者征稿!希望通过"博瑞森图书"这一本土管理图书的出版平台,为广大管理专家提供研究、创新成果展示机会,让更多有利于中国企业崛起的好思想、好方法迸发出来,为企业助力,为中国加油!

无论您目前是否已有待出版的内容,只要您认为自己的思想符合我们的出版方向、标准,请您与我们联系,将您的个人简介、或博客链接、或文章等相关个人资料发送到:bookgood@126.com.我们将会协助您策划图书选题方向、整理内容资料、制定写作计划,并按照商业化出版模式出版、发行、推广您的作品。我们在为读者寻找好内容、出版好书,所以**特别说明:此活动绝非"自费出书",不向作者收取任何成本、费用。**

其他联系方式:010-84645015 qq:1963328416

博瑞森图书已出版图书示例:《让管理回归简单》、《让经营回归简单》、《让用人回归简单》、《中层领导力》、《涨价也能买到翻》、《用流程解放管理者》、《边干边学做老板》、《卖轮子》(获2010年和讯年度图书奖)、《交易心理分析》(获2011年度上海"第一财经日报"投资图书奖)。